藍學堂

學習・奇趣・輕鬆讀

Failing Forward

Turning Mistakes into Stepping Stones for Success

全球暢銷經典

與逆境同行

領導學大師的16堂失敗訓練課，
讓你翻轉慣性思維、突破困局

約翰·麥斯威爾——著

John C. Maxwell

李宛蓉——譯

致謝

感謝這些協助我創作本書的人們

我的撰稿人查理·韋澤爾（Charlie Wetzel）
我的行政助理琳達·艾格斯（Linda Eggers）
我的研究助理布蘭特·柯爾（Brent Cole）
我的校稿人史蒂芬妮·韋澤爾（Stephanie Wetzel）

推薦序

成功沒有方程式，但避開失敗卻有跡可循！

張敏敏 JW智緯管理顧問有限公司總經理
〈中華OGSM目標管理協會〉理事長

我們已經證明，從失敗中學習比向成功人士學習，更有價值！

每個成功個案，當事人的回溯，會有「倖存者偏差」，但是，每個失敗案例，當事人的回想，都充滿給下一個行動的提醒！而在展開下一次行動的過程中，要如何有意義的自我反思、有目的的試錯、增加心理韌性，才能讓之前的失敗就成為你學習的養分。

本書作者約翰·麥斯威爾，是美國非常知名的演說家、激勵者，由於其牧師的身分，因此在指導高階經理人和領導相關的著作上，充滿勵志色彩。這次，麥思威爾一反過去的領導成功學，反而以「失敗學」為主體，重新討論失敗帶給人的意義，作者認為，人在逆境中為什麼反而可以爆發實力，轉折點在於心理素質。

《與逆境同行》一書，一反逆境領導學只是抽象地談心態面，麥斯威爾提出突破逆境的自我練習法，包括從逆境中再起的七大策略，以及避免退縮的六個陷阱，其中我最喜歡的就是「犯錯配額」這個想法。「犯錯配額」可讓自己於度過逆境的過程裡，用原諒自己、避免自責的態度，健康地面對甚至是自己造成的失敗。這種想法的提醒，其實是度過逆境非常重要的心理訓練。因為人碰到逆境，會想找出造成卡關的原因，而陷入鑽牛角尖的死胡同，使得遇到得做出重大且困難的決策時，會變得退縮且猶豫。這種「害怕再犯錯」的猶豫心情，更會造成另一個失誤。

另外，本書更特別提出要懂得：開始付出自己。意味著，在逆境中，不只讓自己過關，更進一步的，也帶著自己的團隊，一起度過難關，這種將團隊成員優先，讓別人生活更好的心境，是更高情操的表現，讓領導者身處逆境中，思考的是他人的痛苦，並且用上帝視角檢視自己所處狀況，反而會減輕自身痛苦，並尋找更多創意脫身機會。

筆者拙作《逆境領導》以英國厄尼斯・薛克頓爵士的第三次南極遠征為個案，談到在逆境中的領導者，如何克服心智，領導出一流團隊，而讓二十七位成員歷經七百多天冰上漂流，奇蹟般生還。這些克服逆境的關鍵，恰與麥斯威爾這本著作幾乎不謀而合，遙相呼應。我們都體認到，面對不斷來襲的危險，試著與之共存，而第一步，絕對是在承平時候不斷地準備自己，有步驟的自我心智鍛鍊，絕對是駕馭不確定未來的關鍵！

推薦序

品嘗輸的感覺，收穫成功的果實

齊立文 《經理人月刊》總編輯

「人生不如意事十有八九。」「勝敗乃兵家常事。」……你有沒有這樣安慰過遭遇挫折或失敗的人？目的無非是想說服對方看開一點，再站起來。

不過，在閱讀這本書的過程中，我也一直很有意識地覺察自己，是不是其實很擅長說些「漂亮話」來安慰別人，但是當所有的逆境、坎坷是發生在自己身上時，坦白說，或許曾經流行一時的戲劇台詞——「我不喜歡輸的感覺」，更能精準、貼切地描繪每一個被擊垮的瞬間。

為什麼我們明明知道人生敗多勝少，也知道應該屢敗屢戰，才能迎來皇天不負苦心人的甜美時刻，依然學不會和逆境共處？失敗了、犯錯了，就是難受得要命；跌倒了、趴下了，就很難爬起來。這本書就是嘗試解開這個「知易行難」的謎題，道理你都懂，只是你做不到！而這個知與行之間的落差，就是成功與失敗的唯一區別。

轉念的方法論

其實，討論成功學的書很難寫，因為成功的人各有各的心法祕訣，而且很多時候還完全顛倒，例如有人做一行換一行，有人卻是始終走同一條路。同理，傳授如何面對失敗的書也不好處理，因為說來講去道理好像都是同一套，無非是告訴你，被絆倒了也別白摔一跤，總是能汲取某些教訓，而絕大部分成功的人，都是歷經九敗，才得到那一勝的。

在書裡，作者便是著手進行一個這樣的很容易讀起來像心靈雞湯或道德說教的主題，解析普通人與成功者之間的關鍵差異。他寫道，無論是家庭背景、財富、機會、道德高尚、或境遇順遂，都不是成功的關鍵，「追根究柢，我只曉得，有一個因素會造成某些人光芒萬丈，某些人沒沒無聞：普通人和成功者的差別在於，他們對失敗的感受與反應。沒有其他的因素具有同樣的力量……。」

至於要怎麼改變我們對失敗的反應和感受，這還只是作者提出的第一個步驟，另外還有十四個步驟，讓我們透過古今中外、橫跨各領域的成功人士的經歷，從方方面面來檢視自己行為、調整自己的思維，避開你自以為讀懂了道理，成為了思想上的巨人，時日一久，卻始終只是個行動上的侏儒。

為什麼會這樣？那就是因為轉念已經夠困難了，要行動更難。有時候，你或許已經領會到，一次失敗、甚或多次失敗，也不能在你身上貼上「失敗者」的標籤，你還是有可能成功，但是可能某次嚴重的天災人禍，讓你畢生的心血付之一炬，就會讓你陷入萬劫不復的受害者心態，因為你會怨天尤人，為什麼逆境只發生在我身上。

換句話說，要成功，或是達到自己想要去的境地，確實是要歷經九死一生，所謂的「死」，就是任何時刻都有可能出現意料之外的風險、危機或考驗，而作者書中提出與逆境同行的步驟，還有各個步驟裡提到的觀念提醒和必備能力，就可以讓你反覆練習，確保你能夠做好充分的準備和守備，即使身陷絕境，依然能夠奮起。

行動的啟動器

讀成功學和勵志書的好處和壞處明顯可見，好處是讀完的當下備受激勵、衝勁十足，壞處是這份動能很難延續，熱力很快就熄滅，甚至有些人會覺得滿紙荒唐言，都是拿些「最終功成名就」的人，來告訴我「有為者亦若是」，但是他們是他們，我是我，我遇過的事，比他們都慘多了。

說實話，我在讀書的時候，雖然一邊覺得作者實在是博學多聞，旁徵博引了那麼多好看的人物故事，系統性地歸納出那麼多原則方法，但是我一邊也在懷疑，我蓋上書以後，一定走的還是同一條老路，一切打回原形。

注意到了吧，走同一條老路。「天天做同一件事，卻渴望得到不同的結果，這樣的人不是瘋就是傻。」這句很常被引用的所謂名言，正時時刻刻在我們身上應驗。因此，我很喜歡作者在書中提到的，「動力不會像閃電一樣擊中你，動力也不是別人（比如護士、醫生、家人）能夠送給你或強迫你的東西。關於動力的整個概念，根本就是陷阱，忘掉動力，著手去做就對了……不論什麼都行。不要管動力，只要去做，然後猜猜看會發生什麼事？等你開始做之後，動力就會自動降臨，讓你更容易持續下去。」

這給了我很大的提醒，「動力就像愛與幸福，都是副產品，當你積極投入某件事情時就會悄悄增加，在你最不經心的時候包圍你。」

在想要躺平的時刻，在做事拖拖拉拉的時候，在人生缺乏目標的茫然狀態裡，只要動起來，做點什麼，我們就算是嘗試打破了一點失敗的詛咒，開啟了改變的契機。

與逆境同行［全球暢銷經典］

目錄

前言

成為「真正」成功的人

我在全國各地巡迴演講時，經常有人問我為什麼要寫書。因為被問太多次了，我乾脆趁你在翻開本書第一章之前，順道在此答覆。

我早已立志將奉獻此生為人們增添生命價值。正因為如此，我才在研討會上傳授心法、錄製上課內容的影音、拍攝訓練的教學影片、撰寫書籍。也因為這個理由，我才自己籌辦音久機構（The INJOY Group）。我想要目睹人們有所成就，想看到自己認識的每一個人獲得「真正」的成功。

我相信，只要具備四個要素，人人都能成功。為了容易記憶，我用 REAL（真正）這個英文字的四個字母來代表。

Relationship 關係：想要成功，最關鍵的技巧是與他人相處的能力，這項能力影響個人生活的每一個層面，人際關係的好壞攸關成敗。

Equipping 整備：我學到一項非常重要的課題，那就是與你最親近的那些人，決定了你成功的程度。夢想固然偉大，你還需要一支團隊，才能幫你實現夢想。

Attitude 態度：態度決定人們每天過日子的方式。決定一個人成就高低的不是他的才能，而是態度。

Leadership 領導力：任何事情的興衰成敗都取決於領導力。假如你渴望提升個人效能，唯一的辦法就是增進自己的領導技能。

如果你閱讀我寫的任何一本書，我保證書的宗旨一定是關於增添上述四個領域之一的價值。我寫這本書的目的是為了改變你對於逆境的**態度**。請你在閱讀、吸收本書之餘，也容許它協助你將錯誤轉化為成功的墊腳石。我希望這本書將會為你的人生增添價值。

01

成功者和普通人的主要差別是什麼？

人人都是失敗者——至少我們當中最傑出的那些人全都失敗過。

——巴里（J. M. Barrie，蘇格蘭小說家、劇作家）

什麼因素造就成功者卓然不群？為什麼有些人一飛沖天，有些人卻向下沉淪？你曉得我在說什麼，你可以稱之為運氣、福氣、點石成金，隨便什麼都行，不過真相是有些人即使在極為艱困的逆境中，也有辦法創造不可思議的成就。有人在失去大客戶之後，努力為公司衝出全國前百分之五業務量的佳績；有人面臨預算削減時，替自己的部門找出增加獲利的絕妙方法；有單親家長一邊撫養兩個孩子，一邊完成學業；有員工在同仁都不看好的情況下，發掘出令人歎為觀止的商機；還有人在一片人才荒當中，居然有辦法替組織招攬一個又一個傑出好手。這些人不管做哪一類工作、不論待在哪個位置上，總是能夠把事情順利搞定。

人人肯定都喜歡把自己想成比普通人優

秀，但是成功者似乎能把「普通人」甩在後面吃灰——他們遙遙領先，早就不記得當普通人的滋味了。

成就的根源是什麼？

成功者和普通人的差別是什麼造成的？為什麼有些人的成就那麼輝煌？莫非是因為——

- 家庭背景？個人成長期間擁有良好的家庭環境，當然值得謝天謝地，不過這並非成功的可靠指標。相當高比率的成功人士來自破碎家庭。
- 財富？錯了，一些成就最高的人士出身收入中等或低於普通水準的人家。財富並非成就高的指標，而貧窮也不必然導致成就低下。
- 機會？要知道，機會是很奇怪的東西。擁有相似天賦、才華、資源的兩個人觀察相同情境，其中一個人可能認為是大好機會，另一個人卻無動於衷。觀者不同，機會也不同。
- 道德高尚？我希望道德是成功關鍵，可惜不是。我認識節操高尚的君子，終身一無所成；我也認識卑劣的無賴，他們卻有耀眼的成績。你也碰過吧？
- 境遇順遂？有些成功者避開了厄運，卻也有數量相當的高成就者戰勝逆境，像是幼年時因病喪失聽力與視力的海倫·凱勒（Helen Keller）克服嚴重殘疾，奧地利神經暨精神病學家維克多・弗蘭克（Viktor Frankl）經歷極度恐怖的猶太大屠殺而存活下來。由此可見境遇順遂也不是成功的先決條件。

上述這些因素都不是成功的關鍵。追根究柢，我只曉得有一個因素會造成某些人光芒萬丈，某些人沒沒無聞：**普通人和成功者的差別在於他們對失敗的感受與反應**。沒有其他的因素具有同樣的力量，能夠影響人們締造成就、實現內心渴望的能力。

學校學不到的事

職業足球選手小羅特（Kyle Rote Jr.）說過：「**在我心目中，贏的方法無疑有很多種，但輸的方法真的只有一種，那就是失敗以後沒有痛定思痛**。」人們對待失敗、處理逆境的方式影響他們生活的每一個層面，換句話說，是否擁有記取教訓然後不斷創造成就的能力至為緊要，大部分人根本不知道如何著手培養這樣的能力。

即便是樂觀積極的人，在學習如何正面看待逆境時也會覺得艱難。舉例來說，大家都說我的個性非常積極（我寫的那本書《態度－你的致勝關鍵》〔*The Winning Attitude*〕已經出版十五年以上了），可是我也不是一直都擅長在逆境中前進，沒有為失敗做好周延的準備。現在的年輕人也一樣，事實上，教育環境往往加深人們對於失敗最差勁的感受和期待。

看看我自己以往對於失敗的一些態度，或許你也有類似的經驗：

一、**我害怕失敗**。我讀大學時的一次經驗和隨後的反應，正是許多學生的典型遭遇。那時我還是大學新鮮人，頭一天上文化史的課，教授走進來，粗暴地宣布：「這堂課有一半的人會被當掉。」

我的第一反應是什麼？害怕！在那之前我沒有被當掉過任何一門課，不希望那麼突然就開始嚐到失敗的滋味。所以我問自己的第一個問題是：教授要什麼？接下來上學成了我渴望求勝的遊戲。

我還記得，有一次為了那堂課的考試，我死背了八十三個日期，因為教授相信如果學生能引述日期，就代表已經對教材內容滾瓜爛熟了。那次考試我得了A，不過三天後我就把先前死背下來的所有資訊忘得一乾二淨。我雖然避免了先前害怕的失敗，但卻沒有因此真正獲得任何成就。

二、**我誤解失敗**。什麼是失敗？童年時我以為是百分比數字，成績六十九分或更低分代表失敗，七十分和七十分以上的成績則意謂成功。那樣的想法對我並沒有益處，失敗不是百分比也不是考試，失敗不是單一事件，而是過程。

三、**我沒有做好失敗的準備**。我大學畢業時成績排進全班前百分之五，但這沒什麼意義。我在學校競賽中成功了，吸收很多資訊，可是卻完全沒有為將來做準備。

這一點是我在第一份工作中發現的。當時我在鄉下一個小教會當牧師，頭一年非常辛苦，我把人們可能期待我做的事情都做遍了，甚至有過之而無不及。但是說實話，我在幫助別人的同時，也抱著想要討好所有人的心態。

我帶領的教會每年都會由教友投票決定是否讓牧師留任。多年來我認識的很多牧師都喜歡吹噓自己獲得教友無異議通過留任，因此我已經準備好要拿到首次無異議留任，心裡的期望很高。沒想到開票的結果是三十一票同意、一票反對、一票棄權，你可以想像我當時多麼吃驚，感覺深受打擊。

當晚回到家以後，我打電話給父親，他以前也是牧師，曾任教區督導，也當過大學校長。

「爸，」我唉聲嘆氣道，「我真不敢相信。我為那些人鞠躬盡瘁，能做的都做了。」我幾乎要哭出來：「真的有人投下反對票，想把我趕出教會！還有人棄權，那等於是反對嘛。我應該離開這裡，去別的教會嗎？」

電話另一頭傳來笑聲，我當場呆掉。

「不要走，兒子，留在那裡，」我父親一邊說一邊竊笑：「這恐怕是你這輩子能拿到的最高票數了。」

那一刻我才領悟到，先前我對於成功和失敗的想法多麼不切實際。就拿讀大學來說，當時的經驗加深了我對失敗的錯誤見解。這麼多年來我協助領導人成長與發展，體悟出絕大多數人和我當年的處境其實是一樣的。

經濟學家漢彌爾頓（J. Wallace Hamilton）在《領導力雜誌》（*Leadership Magazine*）上寫道：「自殺、酗酒甚至某些精神崩潰的案例顯示，**許多接受成功訓練的人，真正應該接受的是失敗訓練。失敗比成功更尋常，貧窮比富裕還普遍，失望總是比達成目標正常**。」

接受失敗訓練！這個觀念太棒了，它就是促使我寫這本書的念頭。現在機會擺在你面前，讓我來為你上一門學校不教的課。我要幫助你接受失敗的訓練，要你學習充滿信心直視失敗的可能性，然後不論處境如何艱困，都能毅然邁步向前。因為在真實生活中，問題並非你「是否」會遭遇問題，而是你要「如何」應付問題。萬一失敗了，你要在逆境中前進，抑或認輸敗退？

讓阻礙改頭換面

有哪些人能夠直視阻撓，依然闊步前進？我最先想到的一個人是玫琳凱．艾施（Mary Kay Ash），她創辦了一個非常了不起的組織。過去四、五年來，我有很多機會去她的化妝品公司上課，為員工講授領導力。事實上，我在全美各地參加眾多會議和研討會時，不論演講的地點在哪裡，每場至少都有十來位玫琳凱的美容顧問與會。

我很敬佩玫琳凱，她在職場上克服許多阻礙，從未被逆境擊倒。玫琳凱的第一份工作是直銷，做得有聲有色，可是她發現女性在企業界太難晉升，尤其是一九五〇年代和一九六〇年代初期——儘管事業已經成功二十五年，但玫琳凱回想當年仍心有戚戚。她說：

我好不容易爬升到公司董事的位置，才發現雖然我們整個銷售團隊都是女性，但掌管我們董事會的全都是男性成員，我的意見毫無價值。他們一直對我說：「玫琳凱，你又開始女性思維了！」我覺得這是最糟蹋人的拒絕形式，所以我決定退休。[1]

玫琳凱的退休期並未持續很久，一個月後她就悶壞了，於是準備要開創自己的事業，如果未來碰到阻礙，那也是因為她自找的。玫琳凱決定投入化妝品業，這個事業能給予所有從業女性無窮的機會。她找到最棒的美容產品，買下配方，擬訂行銷計畫，準備好設立公司。

玫琳凱很快就碰到第一個需要解決的麻煩。她去找自己的律師商量開設公司所需要的法律手續時，對方不但羞辱她，還預言她必定失敗。律師說：「玫琳凱，如果你打算拋棄畢生積蓄，不如直接把錢丟進垃圾桶算了，那還比你現在打算做的事容易多了。」玫琳凱的會計師也對她說了類似的話。

哪怕律師和會計師企圖打消玫琳凱創業的念頭，但她仍舊勇往直前，把一生積蓄五千美元全數投入新事業。玫琳凱這頭狂熱的準備產品、設計包裝、撰寫訓練教材、聘雇美容顧問，另一頭將管理工作交給丈夫負責。夫妻倆的努力獲得十足進展，然而就在開業前一個月，玫琳凱的丈夫心臟病突發，猝死在家中廚房的桌前。

大部分人遭遇這樣的事情之後都會一蹶不振，接受挫敗，然後灰心喪志。可是玫琳凱沒有認輸，她依舊勇往直前，公司在一九六三年九月十三日開幕營運。到我寫作的二〇〇〇年，玫琳凱公司的年營業額超過十億美元，雇用三千五百名員工，而且在全世界的二十九個市場中，授權五十萬人成為玫琳凱的直銷美容顧問。[2] 除此之外，玫琳凱本人也獲頒企業家夢寐以求的所有獎項。縱使面對逆境、阻礙、艱難，她仍設法在逆境中前進。

不可能成立的問題

我小時候常聽到勵志型演說家問一個問題：「假如失敗的可能性是零，你會想要達成什麼目標？」

當時我覺得那個問題很有意思，促使我展望人生的可能際遇。後來某一天我忽然醒悟過來：那個問題實在很糟糕。為什麼？因為它將人的思考導引到錯誤的軌道上。要知道，沒有失敗就不可能達到任何成就，哪怕只是暗示有不失敗的可能性，也會給人錯誤的印象。比較好的提問方式是：**如果你對失敗的感受和反應有所改變，那麼你會想要達成什麼目標？**

我不知道你在當下的生活中碰到哪些阻難，但不論哪一種阻難都沒關係，真正「有關係」的是，只要你願意用不同的方式看待逆境，你的生活就能夠改變。你擁有克服任何問題、錯誤或不幸的潛力，唯一需要做的就是學習與逆境同行。如果你準備好了，那就翻開下一頁，我們開始吧！

第1步 明白普通人和成功者之間存在重大差異

觀察任何成功者應對負面經驗的方式，你就能學會很多與逆境同行的訣竅。讀一讀下面這兩份清單，看看哪一份描述的是你面對逆境時的行徑：

與逆境同行	**認輸敗退**
負起責任	責怪他人
每次犯錯都記取教訓	反覆犯相同錯誤
明白失敗是進步的一部分	指望再也不會失敗
保持積極的態度	預料自己會持續失敗

挑戰過時的假設	盲目接受傳統
承擔新的風險	受限於過往的錯誤
相信是某個地方出了問題	認定「我就是失敗者」
堅持下去	罷手

回想你最近經歷過的挫折。當時你是如何反應的？不論問題有多麼困難，克服問題的關鍵絕不是改變你的處境，而是改變你自己。改變自己的本身就是過程，而改變的開端則是願意聽從教誨。如果你願意那麼做，未來就能夠應付逆境。從這一刻開始你要立下志願，竭盡一切做到與逆境同行。

第一部

重新定義
失敗與成功

02
為失敗與成功找到新定義

偉大和平庸的差別，往往在於個人如何看待錯誤。
——尼爾森．包斯威爾（Nelson Boswell，美國作家）

一九九九年八月六日，一位MLB球員在蒙特婁棒球場踏上本壘板打擊，然後再度出局。這是他職業生涯的第五千一百一十三次走進打擊區卻沒有安打的路程，全部加起來非常多趟！假如打者連續出局那麼多次，平均每場球賽上場打擊四次，換算下來就是連續八季（總共一千兩百七十八場球賽）甚至連一壘都沒踩上去！

那天晚上該球員有沒有心灰意冷？沒有。他可認為自己拖累了球隊？也沒有。你要知道，同一場比賽稍早的時候，那位球員的第一個打席就已經締造了里程碑，在棒球史上只有他和另外二十一個選手辦到。這位棒球選手擊出自己職棒生涯的第三千支安打，他就是聖地牙哥教士隊的湯尼．葛恩（Tony Gwynn）。

葛恩在那場比賽中揮棒五次，擊出四支安打，踏上壘包。可是這並非常態，通常葛恩每揮棒三次就有兩次落空，聽起來並沒有很厲害。不過如果你懂棒球的話，就會理解葛恩持續保持每三次揮棒就有一支安打的打擊率，已經使他成為同一世代中最偉大的打者。葛恩已然覺悟：想要成功安打，就必須出局很多次。

我從十幾年前就是葛恩的球迷，以前住在聖地牙哥時還買季票去看他打球。我就是在那裡觀看葛恩的第一場球賽，此後更一直牢牢追蹤他的職業生涯，當他的安打數逼近三千大關時，我曉得自己想要在現場親眼目睹他完成那項壯舉。

在大家預料葛恩即將締造里程碑的當天，我在芝加哥一場教授領導力的課程剛剛結束，按照原定行程，隔天將要去費城演講。我匆匆忙忙換了機票，然後打電話給女婿史蒂夫，他本來是要陪我參加第二天的會議，此時我卻邀請他一起去看球，於是我們兩人跳上飛機，衝到蒙特婁去看那場球賽。

我知道我們的行程很緊湊，但是揣測應該趕得上。抵達機場時一切都很順利，沒想到下了飛機之後，史蒂夫被海關攔下來無法脫身。隨著時間一點一滴流逝，我很確定我們將會錯過葛恩的第一次上場。一點也沒錯，等到我們趕到球場時，葛恩已經擊出他的第三千支安打。

在我們明白很可能會錯過葛恩的歷史時刻時，我們放棄了嗎？沒有。當我們趕到棒球場，曉得自己錯過那一刻時，我們掉頭回家了嗎？也沒有。我想買一本比賽專刊，卻得知全部都賣完了，當時我有感到失敗嗎？沒有。我們只是純粹很高興參與了那場盛會，就像不斷堅持、直到擊出安打的葛恩一樣，我們也得到了回報。賽事進行到後來，葛恩擊出一記界外球，球掉到觀眾席時被我接到了。幾個星期之後，葛恩替我在棒球上簽名，於是我擁有了他締造三千支安打的那場球賽的紀念品。

你怎樣定義「失敗」？

人們面對失敗時，最大的問題之一是太快論定生活中獨立的情境，並將之貼上失敗的標籤。其實應該放大心理格局，像葛恩那樣的人就不會把區區一次出局視為失敗，而是以更大的格局看待三振出局這件事。不同的看法使他堅持不懈，而堅持不懈則促使他的事業長長久久，進而引來成功的機會。

改變對失敗的看法會助你堅持不懈，最終達成自己渴望的目標。既然如此，究竟該如何判定失敗？我們先來看看失敗**不是**什麼：

一、人們以為失敗可以避免——不是

每個人都會失敗、會犯錯，我們都聽過「犯錯是人，寬恕是神」，這句話是英國詩人波普

（Alexander Pope）在兩百五十多年前寫的，其實他也只是闡釋兩千多年前羅馬帝國時期的一句俗語罷了。今天的情況和當年並無不同：只要是人，就會犯錯。

大家可能熟悉墨菲定律和管理學的彼得原理，我最近想出「凡人法則」（Rules for Being Human）這個觀念，以下貼切地描述了人們的狀態：

法則1：你將學會教訓。

法則2：沒有錯誤——只有教訓。

法則3：教訓會反覆出現，直到你學會為止。

法則4：如果你學不會容易的教訓，教訓就會變得越來越艱難。（痛苦是老天爺叫你注意的一個方法。）

法則5：當你的行動改變時，就知道自己已經學會教訓了。

想來，作家諾曼·考辛斯（Norman Cousins）是對的，他說：「人的本質就是不完美。」你要明白，自己遲早都是會犯錯的。

二、人們以為失敗是單一事件——不是

我小的時候以為失敗是一次性的，我能想到的最佳例子就是考試，如果分數是F，就代表失敗了。可是我慢慢領悟到失敗其實是一個過程，如果考試不及格，不代表你是在單一事件中

失敗，只是顯示你在考前的過程疏忽了。

一九九七年我寫了一本書叫《成功之旅》（*The Success Journey*，暫譯），從整體觀點討論成功的意義。我在書中為「成功」下定義：

知曉自己的人生目標
獲得成長以發揮潛力
播下種子以嘉惠他人

那本書的主要論點是：成功並非目的地，它不是你有朝一日將要抵達的終點，而是你經歷的一趟旅程。因此，能否成功端視你日復一日的作為，換句話說，成功是一個過程。失敗也是一樣，失敗不是抵達某處。成功不是單一事件，失敗也不是，它是你一路走來對待人生的方式。蓋棺才能論定成敗，沒有人能夠例外，所以在嚥下最後一口氣之前，過程依然在進行，誰也不能拍板斷定。

三、人們以為失敗是客觀的——不是

當你犯錯時——不論是算錯重要的數字、錯過截止期限、丟了一筆生意、做出對孩子不利的選擇，或是參加球賽時漏接——是根據什麼判定那項舉動失敗了？你會根據錯誤導致的問題嚴重程度，或者是錯誤為你個人或組織造成的金錢損失，來判斷該項舉動是否失敗嗎？應該看上司對你發的火有多大，還是同事對你的批評有多嚴苛，來判斷你是否失敗嗎？並不是，失敗不能這樣判定。正確答案是：你是唯一能替你自己的舉動貼失敗標籤的人。

幾乎沒有企業家在第一次嘗試創業時能順利成功，那麼第二次、第三次呢？根據杜蘭大學商學教授莉莎·艾莫斯（Lisa Amos）的研究，企業家在最終創業成功之前，平均會失敗三·八次。他們沒有因為問題、錯誤或疏失而卻步，為什麼？因為他們不把挫折視為失敗，而是認為前進三步、倒退兩步等於還是往前進了一步。結果就是他們勝過普通人，變為成功者。

四、人們以為失敗是敵人——不是

大部分人像逃避瘟疫一樣企圖躲避失敗，因為心裡害怕失敗。然而創造成功是需要苦難來磨礪的。NBA教練瑞克·皮提諾（Rick Pitino）的形容甚至更強烈，他說：「失敗是好事，它就像肥料。關於教練的每一項知識，都是我從錯誤中學習來的。」

如果你視失敗為敵人，等於是受制於能夠克服失敗的人。銀行家布羅克諾（Herbert V. Brocknow）深信：「從來不犯錯的人，聽命於會犯錯的人。」只要觀察成就斐然的人，你就會發現對方絕對不會把錯誤當作敵人，不論哪一個行業或領域都是如此。音樂學家埃洛伊絲·里斯塔（Eloise Ristad）強調：「當我們允許自己失敗時，同時也給了自己表現優異的許可。」

五、人們以為失敗不可逆轉——不是

美國德州有一句古諺：「打翻多少牛奶都不要緊，只要母牛還在就行。」換句話說，錯誤並非不可逆轉。正確理解任何事物，換個角度思考，當你只看見傾倒的牛奶，而沒有看到更大的格局，問題就產生了。正確看待失敗的人，會面不改色的接受失敗。

錯誤不會令他們想要放棄，
成功也不會讓他們自認高人一等。

每一個事件——不論好壞——都是人生過程中的一小步，或者就像企管學家湯姆·畢德士（Tom Peters）所言：「沒有做過愚蠢的事，就永遠做不成聰明的事。」

六、人們以為失敗是恥辱——不是

錯誤並不是永恆的印記。我很喜歡已故參議員小艾爾文（Sam Ervin Jr.）說過的這句話：「挫敗可能和勝利一樣有用，它能震撼靈魂，磨礪光華。」我們就是需要以這種方式看待失敗。

你犯了錯時，不要讓它扯你後腿，也別讓你自己認為犯錯是恥辱。你要讓每一次失敗都化為積累出成功的一步。

七、人們以為失敗就是終局——不是

就算你狠狠失敗了一場，也不需要讓失敗妨礙你繼續追求成功。以瑟吉歐・柴曼（Sergio Zyman）的故事為例，他是新可樂（New Coke）幕後推手，行銷顧問羅伯特・麥克馬斯（Robert McMath）認為，新可樂是有史以來失敗得最慘烈的商品之一。[1] 柴曼曾經成功推出健怡可樂（Diet Coke），他相信可口可樂需要採取大膽的行動，以逆轉二十年來在對手百事可樂進逼下市場不斷下滑的局面。他的解決辦法是停止供應已經暢銷近百年的可口可樂，更改配方，推出新可樂。此舉堪稱是毀滅級失敗，在一九八五年持續了七十九天，害公司損失大約一億美元。人們厭惡新可樂，為此柴曼不得不離開可口可樂公司。

然而柴曼和新可樂的問題並沒有讓他灰心喪志，多年後有

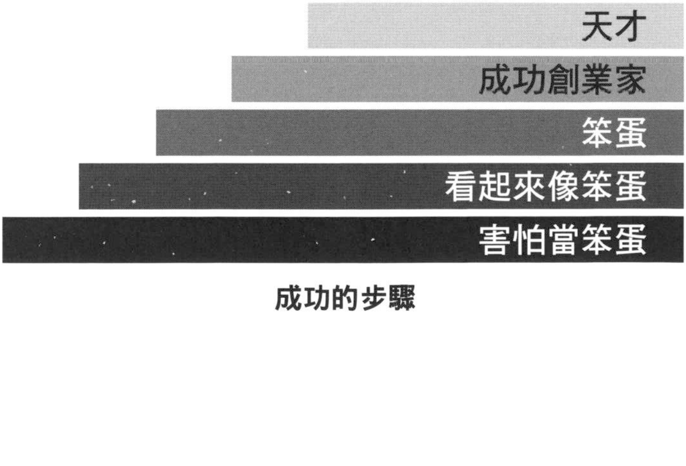

成功的步驟

人問他，那一次的冒險行為是不是錯誤？柴曼回答：「絕對不是。」

那麼是失敗嗎？「不是。」

不然是失誤、失算、失利？柴曼回答：「算是有一點失手吧。如果你現在對我說：『你們當年弄的那套策略不管用。』我一定會說：『對啊，確實不管用。』然而從整體來看，那項行動的結局是正面的。」後來經典可樂（Coca-Cola Classic）捲土重來，使公司比過去更為強大。

可口可樂公司的已故董事長兼執行長戈伊蘇埃塔（Roberto Goizueta）證實了柴曼的評價。一九九三年他重新聘請柴曼回到可口可樂公司，他說：「以結果論定成敗。我們賺錢是因為公司締造好的結果，而不是因為行為正確。」[2]

一切都視你的看法而定

假如你平常就斤斤計較極端的成功與失敗，每每把焦點鎖定生活中的特定事件，那麼請試著換個角度思考，這樣做你將能分享他人的哲學，例如耶穌使徒保羅就說過這樣的話：「不論置身何等處境，我都學習教訓，心滿意足。」[3]這句話並沒有吹噓，因為保羅曾經親身遭遇過沉船、鞭刑、石刑、囚禁，但是他熬過了一切，信仰使他保持廣闊的格局。保羅明白只要去做自己應該做的事，旁人給他貼成功或失敗的標籤都無所謂。

每個人的一生都充滿失誤和負面經驗，但你要知道：

當我們以不正確的方式看待失誤、回應失誤時，
失誤就變成了錯誤。
當我們一再以不正確的方式回應錯誤時，
錯誤就會變成失敗。

懂得與逆境同行的人，能夠將失誤或負面經驗視為人生的常態，從中學習教訓，然後繼續前進。為了達成自己的人生目標，他們會堅持不懈。

作家華盛頓．歐文（Washington Irving）曾說過：「胸懷大志者立定志向，其餘凡人祈求願望；眼界狹窄者遭逢災禍便屈服，胸懷大志卻能凌駕災禍。」

殘酷的事實是：所有通往功成名就的道路，都必須穿越失敗的疆土，遍布荊棘的窮山惡水橫亙在每一個有夢想的人和實現夢想之間。好消息是人人都能通過失敗抵達這片惡土的彼方，達成自己的理想。正因為如此，暢銷書作家羅伯．帕森斯（Rob Parsons）才主張「明日隸屬於失敗。」

太多人相信這個過程應該是輕鬆的，創造力豐富的美國發明家愛迪生便觀察到很多人都抱

持這種態度，他的反應是：

失敗純屬想像。人們不肯辛勤工作，因為在他們的想像中，成功可以不勞而獲。大部分人相信自己會在某一天醒過來就發財了，事實上這個想法對了一半，因為最終他們都是要清醒過來的。

每一個人都要做抉擇：是要渾渾噩噩沉睡一生，不計代價避免失敗？還是要清醒過來，體認失敗只是為了獲得成功必須付出的代價。如果我們學會擁抱失敗的新定義，就能自由自在開始向前邁進——以及與逆境同行。

悲劇發生後立刻振作前進

有一次我在晚餐時聽到一個很棒的故事，內容是關於某人為了成功付出的代價。事情是從我安排兩個朋友見面開始的。去年我去Auntie Anne's Pretzels公司演講，我和公司創辦人安妮·貝勒（Anne Beiler）聊天時，她無意間提到自己很崇拜福來雞（Chick-fil-A）連鎖速食店的創辦人崔特·凱西（Truett Cathy）。

「你想認識他嗎？」我問。

「你認識他？」她有些吃驚。

「沒錯。」我回答。一九九七年我們將音久機構遷到亞特蘭大，崔特和兒子丹恩非常照顧我們。「他們是很棒的朋友，我會安排大家一起吃頓晚餐。」

我立刻預定日期，不久之後就和妻子瑪格麗特邀請崔特、安妮和丈夫裘納斯（Jonas Beiler）、丹恩與妻子朗妲（Rhonda Cathy）來我家吃晚飯。那天大家都聊得很開心，當安妮和丹恩（當時擔任福來雞國際公司總裁）公開交換他們生意上的資訊時，我聽到了一段令人印象深刻的故事。

我看得出來他們都樂於結識好人脈，所以很高興介紹他們認識。不過當天晚上最令我欣喜的一件事，是聽崔特講述他開始做餐廳生意的故事，以及這段草創經驗如何促成他後來創辦福來雞連鎖公司。

聽崔特小時候做的事，就知道他是天生的創業家。崔特讀小學二年級時，就發現他可以用二十五美分買到一手六罐可口可樂，然後每罐以五美分的價錢賣出，一來一去就賺了百分之二十。沒過多久，崔特就開始買進成箱汽水冰起來，這樣他的營收和利潤也隨之增加。等到天氣變冷，汽水不好賣了，他就改賣雜誌。崔特十一歲時，開始幫送報紙的鄰居跑腿，到了十二歲，他也擁有了自己的送報紙路線。

和那個年代的很多年輕人一樣，崔特也從軍了。一九四五年他退伍，準備追求新的機會。崔特喜歡餐廳，夢想和弟弟班恩一起開餐廳。兩兄弟打聽一些關於這個行業的事情之後，就湊了些錢，找到地方，開了一家燒烤餐館 Dwarf Grill（後來改名叫 Dwarf House），地點在喬治亞州靠亞特蘭大南邊的黑普維爾（Hapeville）。這家餐廳每週營業六天，營業時間二十四小時，雖然工作極為耗力費時，可是從開幕第一個星期就開始獲利。可惜沒有過多久，崔特就面臨第一次重大打擊，之後更是三番兩次的挫敗。

第一次打擊來得相當早，時間是餐廳開幕之後三年。崔特的兩個兄弟在搭乘私人小飛機前往田納西州的查塔努加（Chattanooga）的途中墜機身亡。損失生意夥伴已經夠糟了，失去兩個兄弟更讓崔特痛不欲生，好不容易克服心理衝擊後，他獨自一人繼續奮鬥。一年後，他買下班恩遺孀持有的股份，又過一年，崔特開了第二家餐廳。

本來生意堪稱欣欣向榮，不料有一天晚上崔特接到電話，第二家餐廳失火了。他匆忙趕過去搶救，抵達時卻發現大火已經完全摧毀餐廳。雪上加霜的是，餐廳沒有保險。

短短幾個星期內，崔特又面臨另一項打擊：他發現大腸長了息肉，必須開刀割除。這個患病時機再糟不過，他沒辦法重建餐廳，反而必須去醫院開刀，開了一次後，又開第二次，連續幾個月都無法辦正事，令他非常沮喪。對於像他這麼精力旺盛的商人來說，這幾個月簡直像一輩子那麼漫長。

困頓期間想出百萬美元點子

一個活力旺盛的創業家被迫臥床幾個月，這段期間他會做什麼？如果這個人是崔特，那麼他會想出一個價值百萬美元的點子。無法工作的那段時間，崔特構思一個新想法：他向來喜愛吃雞肉，Dwarf House 也賣很多雞肉餐點，還曾經賣過無骨雞胸肉這道菜。他心想：假如先把雞胸肉醃好、炸好，夾進圓麵包裡，再加上適當的調味料，那會怎麼樣？答案就是福來雞三明治（Chick-fil-A Sandwich），拜它之賜，崔特的餐廳就此發展成全球最大的私人控股連鎖速食店。

如今速食業將雞肉三明治的發明歸功於崔特，而福來雞在全美各地開了九百多家，總部設在亞特蘭大南方，占地七十三英畝，辦公室面積達二十萬平方英尺。二〇〇〇年，福來雞的營業額打破十億美元，是餐飲業的翹楚，販售數以百萬計的雞肉三明治，以及數不清的現榨檸檬汁，這是他們名聞遐邇的飲品。公司生意蒸蒸日上，可是這一切的前提是崔特經歷了先前的挫折，依然堅持自己的觀點，並且領悟到區區幾次負面的經驗並不代表失敗。

愛迪生相信：「**生活中的許多失敗，是因為人們在放棄的時候，不明白自己離成功只有一步之遙。**」假如你能改變自己看待失敗的方式，就會得到咬牙苦撐的力量。重新定義「失敗」，將它看作為求進步必須付出的代價，如果你能做到這一點，就是幫自己占據更有利的位置，可以在逆境中前進。

第2步 學習「失敗」的新定義

如何幫自己學習「失敗」的新定義，並建立對於失敗與成功的不同觀點？答案是犯錯。Idea Connection Systems 公司的查克．布朗（Chuck Braun）鼓勵受訓學員，利用**犯錯配額**（mistake quota）來激發不一樣的想法。

每一個學員在每一段受訓期間都擁有犯錯三十次的額度，萬一全部用完怎麼辦？那就再給他三十次。結果學員都放輕鬆了，能以全新的眼光思考錯誤，並且開始學習。

下次你接到新的專案或任務時，不妨給自己定一個合理的犯錯配額。你預計會犯幾次錯？二十次？五十次？九十次？給自己一個額度，然後嘗試在任務結束之前用完配額。記住，錯誤並不等於失敗，錯誤只是在追求成功的旅途上，必須為成就付出的代價。

03

如果失敗了，就是失敗者嗎？

如果失敗不打擊人心，那還不算太糟。
如果成功不沖昏腦袋，那就沒有關係。
——格蘭特蘭德·賴斯（Grantland Rice，美國體育記者）

多年前報紙問答專欄作家安·蘭德斯（Ann Landers）在接受電視新聞主播大衛·布林克利（David McClure Brinkley）專訪時，對方問她最常接到讀者詢問什麼問題，蘭德斯回答：「我到底哪裡不對？」

蘭德斯的答案深刻揭露人的本性。很多人深受失敗感之苦，對自己產生質疑，這是破壞性最大的想法。那些懷疑和失敗感的核心是一個關鍵疑問：我是不是失敗者？這個疑惑的本身就是問題，因為我相信沒有人能夠一邊認定自己是失敗者，一邊又能在逆境中前行。

蘭德斯似乎看出來了，想要克服逆境和錯誤，維持對自我的正面觀點是很重要的事。已故幽默專欄作家爾瑪·邦貝克（Erma Bombeck）的文章每星期都刊登在許多報紙上，她在一九九六年過世前幾個星期還孜孜不倦的寫稿。邦貝克深刻了解堅持不懈和與逆境同行的意義，從不會太過在乎失敗。

從報社小妹到時代雜誌封面女郎

邦貝克的職業生涯從一開始就是逆境處處的旅程。她很早就喜歡新聞，少女時期的第一份工作是在俄亥俄州代頓（Dayton）的《先鋒日報》（*Journal-Herald*）打雜。之後就讀俄亥俄大學，指導老師給她的忠告是：「不要考慮寫作。」邦貝克不接受，她轉學到代頓大學主修英國文學，一九四九年畢業。不久之後，邦貝克開始以寫作為業──替報紙的訃聞專欄和婦女版寫稿。

那一年她的私生活也陷入困境。邦貝克結婚後很渴望成為母親，沒想到醫生說她無法懷孕，使她備受打擊。當下邦貝克有沒有放棄，認為自己是失敗者？沒有，她和丈夫打聽領養小孩的可能性，之後便收養了一個女兒。兩年後，邦貝克驚喜的發現自己懷孕了，不料這讓她面臨更多難關：四年內懷孕四次，卻只有兩個嬰兒活了下來。

一九六四年，邦貝克設法說服地方小報《科特林─奧克伍時報》（*Kettering-Oakwood Times*）的編輯讓她撰寫一個每週見報的幽默專欄。雖然每一篇文章的稿費只有三美元，酬勞少得可憐，可是邦貝克依然筆耕不輟。這份工作為她開啟一扇門，隔年老東家代頓《先鋒日報》提供機會，請她撰寫一個每週見報三次的專欄。一九六七年，聯合刊載邦貝克專欄的報紙已超過九百家。

邦貝克寫了三十餘年幽默專欄，期間還出版了十五本書，被推選為美國最具影響力的二十五位女性之一，經常在「早安美國」（Good Morning America）節目上露臉，也曾經登上《時代》雜誌的封面，獲得無數榮譽獎章（例如美國癌症醫學會榮譽勳章），還獲頒十五個榮譽學位。

然而，邦貝克的一生也經歷了嚴酷的麻煩和試煉，包括罹患乳癌、割除子宮、腎衰竭，她並不忌諱分享自己對這些人生經驗的看法：

我在大學的畢業典禮上致詞時告訴每一個人：此刻我站在台上、他們坐在台下，並不是因為我的成功，而是因為我的失敗。然後我娓娓道來，一一點名所有的失敗：出版單口喜劇唱片，在貝魯特只賣出兩張；演了情境喜劇，眨眼就下檔了；參演一齣百老匯戲劇，結果根本沒在百老匯上演；簽書會只來了兩個人，一個來問廁所在哪裡，另一個想要買我簽書用的那張桌子……

你必須對自己說的是：「我不是失敗者，我只是沒有做好某件事情。」兩者的差別很大。

我的私生活和職業生涯都不平順，我的嬰兒夭折、父母離世，我得過癌症，也煩惱孩子的事。我的祕訣是換個角度看待所有這些事，而這正是我的生存之道。[1]

這樣的觀點讓邦貝克維持務實的風格（她喜歡稱自己是「志工媽媽兼訃聞撰稿人」），也讓她熬過失望、痛苦、手術、每天洗腎等等煎熬，持續不輟寫作，直到六十九歲去世為止。

每個天才都可能曾經是「失敗者」

每一個成功者都失敗過，但從不認為自己是失敗者。舉例來說，莫札特是作曲天才，卻被神聖羅馬皇帝約瑟夫二世（Emperor Joseph II）批評他譜寫的歌劇《後宮誘逃》（*Die Entführung aus dem Serail*）裡面的「音符太多了」；畫家梵谷的畫作在現今拍賣中創下天價，但他生前只賣出過一幅畫；歷史上最多產的發明家愛迪生年輕時被認為是不可雕的朽木；當代最偉大的科學家愛因斯坦在慕尼黑上小學時，老師當面給他這句評語：「一輩子都沒出息。」

我認為所有偉大的成功者必定都遭遇過很多挫折，足以令他們認為自己是失敗者，然而他們沒有這麼想，反而堅持不懈。面對逆境、拒絕、失敗時，他們依舊相信自己，絕不肯認定自己是失敗者。

過去二十年來，美國教育界目睹學生的考試成績一蹶不振，學習欲望低落，因此試圖找到扭轉頹勢的方法。有一派頗得人心的理論是，改善兒童能力的最佳方法，就是加強他們的自尊心。教育人員觀察到高成就學生自信心較強，因此推論只要建立自尊心，能力就會跟上來。不過這套辦法弄巧成拙，研究人員發現，光是強調兒童的自我，只會衍生許多負面特質：對成績好壞漠不關心、沒有能力克服逆境、挑釁批評他們的人。[2]

我推崇讚美他人的行為，尤其是讚美兒童，事實上我相信只要你寄予期望，對方就會盡量爭取好表現，以配得上你的期望。然而我也相信讚美必須建立在事實之上，不能捏造虛假的好話。我利用下面這個方法鼓勵和領導他人：

- 尊重他人
- 稱讚對方的努力
- 獎勵優秀的表現

我對所有人都用這個辦法，甚至套用在自己身上。我工作的時候必定等到工作完成之後，才會給自己獎勵。當我從事一項任務或專案時，必竭盡所能，不論結果如何都問心無愧，晚上睡得很好。不管在哪裡失敗，或是犯了多少錯誤，我都不會因此貶低我這個人的價值。就像俗話說的：「上帝任用失敗的人——因為沒有人從不失敗。」

你可能也像許多人一樣，經歷過困難的時期，依舊保持樂觀心態，避免覺得自己是失敗者。請了解這一點：不管你現在是什麼處境、過去有什麼來歷，都有可能培養對自己樂觀的態度。

與逆境同行需要的七項能力

以下是成功者運用的七項能力，使他們雖然失敗受挫，卻不會自怨自艾，反而持續與逆境同行：

一、成功者拒絕被拒絕

哲學家詹姆斯．艾倫（James Allen）說：「人是思想的產物，一個人的特質就是他所有思想的總和。」正因為如此，確保思想維持正軌極其重要。

有的人從不放棄，只會不斷的嘗試，因為他們不把績效視為自我價值的基礎。反之，他們的自我形象奠基於內在。這種人不會說：「我是失敗者」，而是說：「那件事我失手了」，或「我犯了個錯」。

心理學家馬汀．塞利格曼（Martin E. Seligman）相信，人們失敗的時候有兩種選擇：內化失敗，或歸咎外因。「失敗時責怪自己的人……認為自己一無是處、沒有天分、不值得人愛。」塞利格曼說，「失敗時責怪外在事件的人，不會在遭遇壞事時失去自尊心。」[3]為了保持正確的觀點，你要為自己的行動負責，但不要把失敗都怪在自己頭上。

二、成功者認為失敗是暫時的

認為自己是失敗者的人，會把問題當作深陷其中、永遠無法掙脫的黑洞。反之在成功者的眼裡，任何困難的處境都是暫時的。舉個例子，一九二二年，三十八歲的杜魯門負債又失業；一九四五年，他宣誓就任美國總統，成為自由世界最有權力的人，高踞全球最顛峰的職位。假如當年他認為失敗是永久的，可能就會身陷其中，而不是繼續嘗試，相信自己擁有潛力。

三、成功者將失敗視為獨立事件

作家利奧．巴斯卡利亞（Leo Buscaglia）有一次說到他很仰慕烹飪大師茱莉亞．柴爾德（Julia Child）：「我真喜愛她的態度，她會說：『今天晚上我們要做舒芙蕾！』然後她開始攪拌這個、打發那個，又不小心把東西掉在地板上……。總之她做一切正常人會做的妙事。然後她做好舒芙蕾，扔進烤箱，開始和觀眾聊一會兒天。最後她宣布：『現在做好了！』可是烤箱打開時，舒芙蕾瞬間坍塌成一塊煎餅。她有沒有驚慌失措或痛哭流涕？沒有！她微笑著說：『嗯，你不可能每次都成功。請慢用！』」

當成功者失敗時，他們會把這次的失敗當作短暫的事件，而不是持續一輩子的大問題。失敗無損個人榮辱，如果你想要成功，就不要讓任何單一事件扭曲你對自己的看法。

四、成功者保持務實的期望

你渴望實現的成就越大，就越要做好準備，如此才能克服障礙和長期堅持。假如你想在鄰近社區散散步，大概不會碰上什麼問題，隨時可以出發，可是如果你打算攀登聖母峰，情況就截然不同了。

克服挫折需要時間、努力和能力，過每一天都要有合理的期望，即使不能事事順心如意，也不要傷心難過。

一九五四年MLB球季開賽那天發生的一件事，恰恰說明了這一點。當天密爾瓦基勇士隊（編按：勇士隊於一九六六年遷到亞特蘭大）和辛辛那提紅人隊對壘，雙方各有一個新人首次在大聯盟球賽亮相。紅人隊的新人選手擊出四支二壘安打，幫他的球隊以九比八的比分贏得比賽。至於勇士隊的新人五次上場都掛零。紅人隊這名球員叫吉姆．葛林格拉斯（Jim Greengrass），你很可能都沒聽說過，至於勇士隊的新人名叫漢克．阿倫（Hank Aaron），後來成為棒球史上最厲害的全壘打王。

阿倫對第一場球賽是否懷抱不切實際的期待，沒有人曉得，那場球賽之後他大有可能放棄棒球。阿倫肯定對自己在當天的表現很不滿意，可是他沒有認為自己是失敗者，他已經在這條路上辛苦太久、走得太遠了，並不打算輕易放棄。

五、成功者聚焦在實力上

成功者還有另一個辦法不讓自己將失敗和個人劃上等號，那就是聚焦在他們的實力上。有人問職業冰球隊紐澤西魔鬼（New Jersey Devils）的前任會長鮑伯．布泰拉（Bob Butera），是什麼因素造就贏家？他回答：「贏家和輸家之間的差別，在於贏家永遠聚焦在自己『能夠』做什麼，而不在意做不到的事。假如某個球員射門很厲害，溜冰卻不那麼出色，我們就告訴他，只要想著射門、射門、射門——絕對不要想其他人溜冰比他快的事。重點是記住你的成功。」

萬一弱點已經生成，那就必須特別注意，應該把重心放在支援，直到情況改善為止。如果不是這種情況，那麼與逆境同行的最佳選擇就是展現你的能力，並且竭盡所能發揮最強的實力。

六、成功者採取多種方法成功

勵志作家布萊恩．崔西（Brian Tracy）在著作《成就心理學》（*The Psychology of Achievement*，暫譯）中描述四個在三十五歲以前就發財的百萬富翁，他們平均參與過十七次創業之後，才找到那門讓自己飛黃騰達的生意。他們不斷嘗試、不斷改變，最後才找到適合自己的那個項目。

成功者願意採用各種不同的方法解決問題，不僅商業如此，各行各業也是如此。舉例來說，如果你熱愛田徑比賽，一定很喜歡看跳高比賽，像我自己就總是為男子、女子跳高選手跳躍的高度驚歎不已。跳高比賽有一件非常有趣的事，一九六〇年代這項體育的技巧出現重大變革，讓運動選手能夠打破舊紀錄，攀升到新的水準。

促成那項變革的人是迪克．福斯貝里（Dick Fosbury）。以前跳高的運動員都採用腹滾式，也就是面向橫桿跳躍，一側的手臂和腿先越過橫桿。福斯貝瑞發展的技巧是頭部先過橫桿，以背部朝著橫桿跳躍，因此稱為背越式（或背向式），又稱作福斯貝里式跳高。

發展一種新的跳高技巧是一回事，獲得別人接納又是另外一回事。福斯貝里說：「大家一而再、再而三告訴我：我永遠不可能成功、絕對競爭不過別人、那種技巧根本行不通。我只好聳聳肩說：『咱們走著瞧。』」

結果大家果真看到了：福斯貝瑞在一九六八年墨西哥市舉辦的奧運會上奪得金牌，打破以前的奧運紀錄，同時奠立新的世界紀錄。從此之後，幾乎所有世界級跳高選手都採用他的技巧。為了達成目標，福斯貝里採用不同的跳高方式，隨便他人怎麼評論，都不會讓他覺得自己是失敗者。

七、成功者能振作起來

所有成功者都有個共通點，他們經歷失誤、錯誤、失敗之後都能重振旗鼓，捲土重來。心理學家西蒙．卡露瑟絲（Simone Caruthers）說：「人生是一連串的結果，有時候結果是你想要的，那太棒了，想想自己什麼地方做對了。有時候結果非你所願，那也很棒，想想自己哪裡做錯了，下次不要再犯。」[4]這就是振作起來的關鍵。

不論發生什麼事，成功者都能繼續往前邁進，因為他們記住一件事：**失敗不會使他們變失敗者**。沒有人應該把錯誤和個人劃上等號，你也應該以這種方式，將自己從失敗中剝離出來。

拒絕成為失敗者的人

我聽過一個很精彩的故事，主人翁拒絕當失敗者，他就是美式足球員魯迪·休廷傑（Daniel "Rudy" Ruettiger），從小就非常渴望進聖母大學愛爾蘭戰士隊踢球。有人將他的人生故事拍成電影，片名就叫 *Rudy*（編按：台灣上映的片名為《豪情好傢伙》）。電影很好看，不過他的真實故事更精彩、更打動人心。

魯迪出身貧窮的勞工家庭，在家裡十四個兄弟姊妹中排行老大，從小就熱愛運動，他相信運動能讓他走出他的老家伊利諾州的喬利埃特（Joliet）。魯迪上中學時全心全意投入美式足球，然而他的雄心遠超過體格：速度慢，身高只有一百六十七公分，體重八十六公斤，實在不是踢球的料。

高三時，魯迪開始夢想進聖母大學踢球，但又碰到另一個問題：他的學業成績比體格更拿不出手。「我畢業時在班上排名第三，」他很喜歡說這段往事：「不過不是從前面數來，而是倒數第三名。」他的程度只有D，成績平均績點（GPA）是一．七七分。

接下來的幾年，魯迪的重心變來變去，他讀了一學期的專科學校，可是每一門課都被當掉。他在喬利埃特的聯邦愛迪生電力公司（Commonwealth Edison）發電廠工作兩年——魯迪覺得那份工作毫無前途。他甚至去海軍服役兩年，不料那竟然成了他的轉捩點，因為魯迪發現自己並不笨，而且有擔當責任的能力。

魯迪退伍之後返回喬利埃特老家，再度去發電廠工作。這次他的決心比以往更堅定，哪怕家人、朋友、同事紛紛批評，魯迪打定主意非進聖母大學不可。他知道自己不是失敗者，一定要想辦法前進聖母大學所在的南灣（South Bend）。

假如你看過*Rudy*這部電影，就曉得魯迪最後真的辦到了。他辭去工作，搬到南灣，設法進了聖母大學附設的聖十字社區學院（Holy Cross College）。魯迪在聖十字學院讀了兩年，平均每學期的成績四分，聖母大學終於接納他。魯迪在二十六歲那年進入夢寐以求的大學，這時他已經從高中畢業八年了。

當時魯迪還能修兩年體育課，他選擇美式足球，進入二流的非正規球隊，這是用來磨練優質球員的湊合隊伍。不過魯迪盡可能利用這次機會，他非常努力，一年後從非正規球隊的墊底球員一路爬到最高階層。在大學的最後一年，他還是十分努力，在校最後一季的最後一場比賽，他終於實現夢想，正式上場踢球。

最後一次機會

在電影中，魯迪只擁有比賽終了前唯一的一次機會，結果他將對手的四分衛攔截下來。不過那段情節並非事實。

「事實上我有兩次機會攔阻四分衛，」魯迪說，「第一次我來不及趕到，太緊張了，動作沒有做到位，所以失敗了。」可是魯迪再一次發揮不氣餒的精神，沒有因一次失敗讓自己變成失敗者，他打定主意要與逆境同行。

「我知道這是我最後的機會了，」魯迪解釋：「當他們發球時，我不擔心失敗，反正已經失敗過了，而且我知道先前為什麼失敗。人就是靠那樣消弭恐懼，不斷學習，直到有信心在時機到來的那一刻締造佳績。他們最後一次發球時，我把已經在心裡預演過很多次的動作發揮出來，攔截住那個四分衛。」

魯迪的隊友欣喜若狂，他們將魯迪扛起來慶祝獲勝。魯迪說那是聖母大學美式足球隊有史以來第一次把球員扛起來慶祝贏球。

如今魯迪是擅長激勵人心的演說家，信不信由你，他正是製作電影 *Rudy* 的幕後推手。當然，這一切並不容易，他花了六年才看到成果。（比他為進入聖母大學所花的時間少兩年！）

好萊塢的人告訴他：「你不是保羅・霍農（Paul Hornung），也不是喬・蒙塔納（Joe

Montana）。」（譯注：這兩人都是職業美式足球球星）魯迪深表贊同，他說：「天底下像他們那樣的人獨一無二，而像我一樣的人卻有千千萬萬。」[5]

這正是魯迪故事的偉大之處。他欠缺籃球明星麥可．喬登（Michael Jordan）的運動能力，也沒有莫札特、梵谷、愛迪生或愛因斯坦那些天才的卓絕天賦。魯迪只是個普通人，就像你我一樣。他變為成功者而非普通人的唯一理由，就是拒絕被失敗打敗。他學會不論失敗多少次，都不讓自己變成失敗者。

第3步 將「你」從失敗中移除

假如你一直認為自己是失敗者，你可以把自己從這個負面思考模式中拉出來，思考你在生活中一再失敗的某個領域，然後按照下面的辦法做：

- **檢視你對這個領域的期望**。拿筆寫下來。那些期望切合實際嗎？你是不是期待把每件事情做得完美無瑕？你期望第一天就成功嗎？你預期自己在成功之前應該犯多少錯誤？調整你的期望。
- **找出做事的新方法**。腦力激盪想出至少二十種新的方法，然後至少嘗試其中的一半以上。

・**聚焦在你的實力上**。你怎樣運用自己最棒的技巧和個人實力，努力將其發揮到淋漓盡致的地步？

・**發願重振旗鼓**。不論你失敗多少次，都要振作起來，繼續前進。

不要等到你覺得樂觀了才向前邁進，你要採取行動使自己感覺良好，這是開始正面看待自己的唯一方法。

04

想哭嫌太老，想笑又太痛苦

恐懼會讓你害怕的事物成真。
——維克多．弗蘭克（Viktor Frankl，奧地利神經暨精神病學家）

每個人都聽說過萊特兄弟，他們本來是自行車技師，在二十世紀上半葉率先將人力飛機送上天空。一九〇三年十二月十七日，奧維爾．萊特（Orville Wright）和威爾伯．萊特（Wilbur Wright）完成第一次飛行，當時他們的境遇是很有意思的故事。不過你可能不知道，在那一天之前，沒沒無聞、沒有受過大學教育的萊特兄弟並不是航空界的領導者，他們十分低調，當時外界預料第一個將飛機送上天空的是另一個人。

那個人是塞繆爾．藍利博士（Dr. Samuel P. Langley），是一位備受敬重的數學家和天文學教授，當時擔任史密森尼學會（Smithsonian Institution）的秘書長。藍利是傑出的思想家、科學家兼發明家，他出版過好幾本關於空氣動力學的重要著作，胸懷實現載人飛行的願景。事實上，從一八九〇年代中期到晚期，他完成了大型無人駕駛飛機模型的大規模實驗，大獲成功。

追求成功，但再度失敗

一八九八年，藍利找上美國戰爭部（U.S. War Department），希望對方出資設計與建造一架能載人的飛機。戰爭部委任藍利執行該計畫，撥給五萬美元，當時堪稱鉅款。藍利立刻著手執行。到了一九〇一年，已經成功測試一架汽油動力無人駕駛重航飛機（heavier-than-air aircraft），這是有史以來第一次。接著他找來查爾斯・曼里（Charles Manley）相助，此人是工程師，曾根據史蒂芬・巴札爾（Stephen Balzar，譯注：匈牙利裔美國機械師兼發明家）的設計，建造一具馬力強大的新式輕型引擎。曼里加入之後，藍利看起來必然會成功。

一九〇三年十月八日，藍利期待多年的努力即將收穫成果。在新聞記者和好奇旁觀者的注視下，曼里穿上軟木救生衣，走過一艘改裝船屋的甲板，爬進名為「大機場」（Great Aerodrome）的飛機駕駛座。這架尺寸完整、裝有引擎的飛行器停在一座專門打造的彈射台上，彈射台是為了啟動大機場飛機在空中飛行而設計。然而他們嘗試彈射時，飛機的一部分被勾住，導致這架雙翼飛機栽進十六英尺深的水底，離船屋只有五十碼遠。

藍利遭到砲火猛烈的批評，例如《紐約時報》的這則報導：

藍利飛行機器的試飛是一場荒謬的慘敗，但並非毫無端倪。飛行機器要真正飛起來，可能需要結合數學家和機械專家不斷的努力，經過一百萬年或一千萬年慢慢演進……。對飛機感興趣的人無疑會受到此一問題吸引，但是對於普通人來說，這樣的努力也許更像是賺錢的花招吧。[1]

一開始，藍利不受那場失敗或伴隨而來的批評阻礙。他和曼里為大機場飛機做了無數次修改，八個星期之後的十二月初準備好再次試飛。曼里再一次從船屋的甲板上爬進駕駛艙，準備創造歷史。可惜依然出師不利，災難從天而降：飛機彈射出去時，連接機翼的繩索支架斷裂，飛機再次被彈射台的導軌勾住，機頭朝下直直衝入河裡，曼里差點就一命嗚呼。

批評又是排山倒海而來，大機場飛機被稱作「藍利的愚行」（Langley's Folly），他本人也遭指控浪費公帑。《紐約時報》這樣評論：「我們希望藍利教授不要再浪費時間和金錢，繼續進行飛行實驗，以免損害他身為偉大科學家的好名聲。」[2] 藍利確實沒有持續下去。

後來他說：「我已經做完這部分的工作，那似乎是我專屬的工作，也就是證明機械飛行可以實踐。下一階段是這個想法的商業與實用開發，那部分很可能就要仰仗別人了。」換句話說，藍利放棄了。他遭到挫敗、灰心喪志，自己設計的任何一架飛機都無法成功飛行，最後還是放棄了已經追求數十年之久的飛行夢。短短幾天之後，沒有受過高深教育、名不見經傳、也沒有資金挹注的萊特兄弟成功了，他們駕駛自己打造的「飛行者一號」（Flyer I），順利飛越北卡羅萊納州小鷹鎮（Kitty Hawk）的沙丘。

當失敗傷了你的心

神學家帕克牧師（J. I. Packer）指出：「意識到勝利的那一刻，當事人會感覺此後一切都不重要了；災難降臨的那一刻，當事人會感覺這已是窮途末路。其實這兩種感覺都不實際，因為這兩種情況都不應該勾起那樣的感受。」

萊特兄弟成功之後並沒有止步。一九〇三年十二月十七日那天的絕佳成就沒有讓他們感到已經大功告成，他們繼續實驗、繼續努力，終於使公眾肯定他們的成就。反觀藍利任由災難的一刻在自己心中引發結束的念頭，他放棄實驗，兩年後中風，又過了兩年便與世長辭。今天，年紀最小的學童都聽說過萊特兄弟，至於藍利，只有少數航空迷還記得他。

藍利一生的遭遇，也發生在當今太多人的生活裡。他們容許失敗擊垮自己的情緒，任由自己的夢想就此止步。

不作為的形式二：拖拖拉拉

另一些人保持進步的希望，卻始終沒有採取相應行動。有人曾說拖延是促進困難益發增長的肥料，企業家維克多．基姆（Victor Kiam）形容得更狠，他稱拖延是機會的天然殺手。

拖拖拉拉偷走個人的時間、生產力、潛力，誠如甘迺迪總統說的：「一項行動計畫固然有風險和成本，但是遠不及安逸的不作為所造成的長遠風險與成本。」恐懼失敗而衍生的拖拖拉拉，代價實在太高了。

不作為的形式三：沒有目標

《追求卓越》（*In Search of Excellence*）一書的共同作者畢德士強調，有些人過完一天後會沾沾自喜：「好的，今天順利過完了，我沒有搞砸任何事。」這些人是最沒用的人了，可是很多害怕失敗的人就是這個德行。他們不追求有價值的目標，刻意避免犯錯的痛苦，從前者過渡到後者期間曾經擁有過的目標和意義，他們再也感受不到了。

陷入恐懼循環的人因為對失敗恐懼，加上因此導致的不作為，會出現額外的惡性副作用：

- **自憐**。他會替自己抱屈，隨著時間的推移，他對自己的不作為越來越不負責任，開始認為自己是受害者。
- **找藉口**。一個人可以跌倒很多次，但只有那些怪罪別人推他、害他跌倒的人，才是失敗者。

事實上，犯了錯之後再找藉口開脫的人，等於在第一次錯誤之上又添了第二次錯誤。只有替自己的不作為承擔個人責任，才有可能打破恐懼循環。

- **錯用精力**。時時感到恐懼會讓人心煩意亂，失去焦點。如果同時有太多方向，就哪裡也去不了，就好比汽車打空檔時，就算猛踩油門車也開不動。
- **無望感**。如果任由持續的恐懼和不作為發展下去，最終會使當事人喪失希望。詩人朗費羅（Henry Wadsworth Longfellow）形容那種情境：「遠大的希望隕落如同落日，我們生命中的光明也跟著熄滅。」

打破恐懼循環

想要掙脫恐懼循環的人，往往會花時間在感受無力改變現狀的愧咎，可是他們之所以深陷恐懼循環，理由之一就是把精力集中在恐懼循環的錯誤部分。因為他們知道恐懼去而復返，所以相信自己必須完全消弭恐懼，才能夠打破循環。然而大部分人是做不到的，你無法避免恐懼，那沒有特效藥可醫治。你不能枯等動力來推你前進，為了克服恐懼，你必須在感覺恐懼的同時放手一搏。

好幾年前我坐在候診室裡等著看醫生，我翻閱醫學雜誌時湊巧看到幾段話，形容採取行動猶如戰鬥：

我們幾乎天天都聽到：嘆氣、嘆氣、嘆氣。

我就是找不到動力……（逼自己減重、驗血糖等等）。而糖尿病衛教人員也同樣嘆息連連，他們想盡辦法也無法讓病人找到動力，促使他們為糖尿病和健康做正確的事。

請聽聽這則訊息：動力不會像閃電一樣擊中你，動力也不是別人（比如護士、醫生、家人）能夠送給你或強迫你的東西。關於動力的整個概念根本就是陷阱，忘掉動力，著手去做就對了，運動、減重或測血糖，不論什麼都行。不要管動力，只要去做，然後猜猜看會發生什麼事？等你開始做之後，動力就會自動降臨，讓你更容易持續下去。

動力就像愛與幸福，都是副產品，當你積極投入某件事情時就會悄悄增加，在你最不經心的時候包圍你。

正如哈佛大學心理學家傑羅姆．布魯納（Jarome Bruner）所言：「**你更有可能透過行動去感受，而不是透過感受去行動**。」因此，行動吧！應該做什麼，你心裡有數，不論是什麼，都去做吧。

劇作家蕭伯納主張：「會犯錯的人生不僅更可敬，而且比無所事事的人生更有用。」為了克服恐懼、打破循環，你必須願意體認自己的人生有很大一部分免不了犯錯。壞消息是，假如你已經不作為很長一段時間，要起步很難；好消息是，一旦展開行動，情況就變得容易多了。

如果你能採取行動，持續犯錯，就會獲得經驗。（難怪老羅福總統這樣說：「不犯錯的人不會進步。」）犯錯的經驗最終帶來能力，你犯的錯誤就會減少，結果就是恐懼不會讓你徹底躺平。然而，打破循環的整個過程，第一步是行動，你必須靠行動激發感受，而不是枯等正面情緒降臨了，才被動往前邁進。

非洲有一則寓言準確捕捉住這個觀念：

非洲瞪羚每天早上醒來，就知道自己必須跑得比最快的獅子更快，否則就會被殺死；獅子每天早上醒來，也知道自己必須跑得比最慢的瞪羚快，否則就會餓死。

不管你是獅子還是瞪羚，太陽升起的時候，你最好趕緊開跑。

如果你總是很難與逆境同行，那麼你必須鞭策自己行動，不論是什麼因素阻擋你，也不論你已經有多久不作為了。打破循環的唯一辦法是面對恐懼、採取行動，哪怕看起來只是很小的、不起眼的一步。

即便是最優秀的人偶爾也會卡關

很多不成功的人陷入恐懼循環，但即使高成就者也會發生同樣的事。舉例來說，作曲家韓德爾堪稱人生勝利組，但他發現自己一直陷入同樣的格式裡，因此亟需打破局限。

韓德爾是音樂天才，雖然父親想要他攻讀法律，但是他從小就深受音樂吸引。十七歲時，他已經擔任家鄉哈勒（Halle）天主教堂的風琴師一職，一年之後又成為漢堡市國王歌劇院的小提琴手和大鍵琴手。到了二十一歲，韓德爾已經是鍵盤樂器大師。之後他轉向作曲，立刻聲名大噪，很快就被漢諾威選帝侯（elector of Hanover，後來成為英格蘭的喬治一世國王）任命為管弦樂團指揮。移居英國之後，韓德爾的名氣更上一層樓，當時他四十歲，已經是舉世聞名的音樂家。

儘管韓德爾有才華又有名氣，他還是碰到相當大的反對力量。與英國作曲家的競爭非常激烈，觀眾的口味也容易改變，有時候不去他的演奏會捧場。由於時代的政治風向改變，他經常深受其害。韓德爾有好幾次發現自己一文不名，差點就宣告破產。被拒絕和失敗的痛苦很難承受，特別是他先前曾經那麼成功。

接著韓德爾的健康惡化，問題更嚴重。他中風了，後遺症是右手臂無力，右手的四根手指失去作用。後來身體雖然康復了，他仍然灰心喪志。

一七四一年韓德爾才五十六歲，卻決定該退休了，他感到沮喪、難過，而且欠下龐大債務，他覺得自己大概會被關進專門囚禁欠債人的監獄。四月八日，他舉行自認的告別音樂會，滿懷失望和自憐的韓德爾放棄了。

沒想到那年八月發生了不可思議的事。韓德爾的富人朋友查爾斯・詹寧斯（Charles Jennings）找上門來，給了他一齣歌劇的腳本，故事以耶穌基督的生平為基礎。腳本打動了韓德爾——足以激發他立刻採取行動。他開始寫曲，內心靈感奔騰如泉湧，原本不作為的循環被打破了。

整整二十一天，韓德爾幾乎不眠不休的創作，然後又花了兩天時間譜寫管弦配樂。他在二十四天的時間內，完成了兩百六十頁手稿，命名為《彌賽亞》（*Messiah*）。如今韓德爾的《彌賽亞》被視為大師傑作，也是這位作曲家的顛峰之作。替韓德爾立傳的傳記作家之一傅羅爾爵士（Sir Newman Flower）如此評論《彌賽亞》的創作：「以這部作品之妙、所費時間之短，將會是整部作曲史上最值得稱頌的傑作，也許地位永遠不會動搖。」[3]

談到平復失敗帶來的情緒傷害，你的個人履歷是好是壞根本無關緊要。唯一重要的是面對你的恐懼，繼續前進。只要做到這一點，你就給了自己學習如何與逆境同行的機會。

第4步

採取行動並降低你的恐懼

你現在最害怕應付的哪一個目標，是達到成功不可或缺的？請寫在這裡：

前進的唯一方法是直接面對恐懼和採取行動。請寫下你對這項行動的所有恐懼：

檢視你寫下的清單，並接受自己害怕的這個事實。決定什麼是你能採取的第一步，這一步會促使你展開達成那項目標的行動，不論這一步有多小或多大，邁開步伐去做就對了。假如你失敗了，就再試一次，不斷嘗試，直到第一步完成為止。然後再推敲下一步該做什麼。

記住，光是感覺不可能驅使你採取行動，你必須先行動，才能激發感覺。克服恐懼的唯一辦法就是採取行動。

05

在失敗高速道路上找到出口

當你面對疑問的那一刻，你心裡是怎麼理解它、處理它的？
你在那一刻做出選擇，因此學會要走右邊那條路，
因此學會做一個決策者而不是躊躇不決的人。因此你塑造了自己的性格。
——作家海倫．安德森（H. Van Anderson）

商學院教授蓋瑞．哈默爾（Gary Hamel）和普哈拉（C. K. Prahalad）發表過一個關於一群猴子的實驗，是有關失敗的生動故事。房間裡有四隻猴子，房間的中央豎著一支長竿，竿頂上掛著一串香蕉。猴子很飢餓，其中一隻開始爬竿找吃的，不料牠伸手去抓香蕉時，卻突然被當頭潑了一大盆冷水。猴子吱吱叫著滑下長竿，放棄填飽肚子的企圖。每一隻猴子都做了類似的嘗試，每一隻也都被潑了一身冷水。試過幾次之後，牠們全都放棄了。

然後研究人員將其中一隻猴子抓出來，換了一隻新猴子放回房間。新來的猴子開始爬竿時，另外三隻抓住牠拖回地上。這隻猴子嘗試過好幾次，但每次都被其他猴子拉下來，最後牠也放棄了，沒有再去試一試。

研究人員把原來在房間裡的猴子一隻一隻換出來，每次都補一隻新猴子進去，而新猴子毫無例外都在抓到香蕉之前被其他猴子拖下來，最後房間裡的都是沒被潑過冷水的猴子。牠們都不願意爬竿子，卻不知道為什麼。[1]

遺憾的是，習慣失敗的人竟然和那些猴子十分雷同，他們一再犯相同的錯誤，但是始終不確定原因究竟是什麼。古諺說得好：「**如果你總是用老方法做事，就總是會得到老結果。**」

我們承認吧，大家都傾向因循舊習，習慣認為自己命中注定會失敗的任何人，特別難在失敗高速道路上找到出口。如果你覺得自己就像那個實驗裡的猴子——無法達成自己渴望的目標，卻不知道為什麼——那麼你應該好好觀察許多經常失敗的人，他們落入什麼樣的模式？最終的解決辦法又是什麼？

一切都從錯誤開始

人之所以走上失敗高速道路，原因不外是普通的錯誤、失敗或困境，然而一直待在失敗高速道路上的人，並不認為是自己有錯。下面這些理由是汽車駕駛人為自己出車禍寫下的解釋，而一直待在失敗高速道路上的人，和他們相當類似：

「我開車到十字路口時突然出現障礙物，擋住我的視線。」

「有一輛看不見的車憑空冒出來撞到我的車子，然後就消失了。」
「電線桿來得太快了，我想要繞過它過來的路線，可是它還是撞到我的車子前方。」
「造成這樁車禍的間接因素，是有個大嘴巴的小傢伙開了一輛小車子。」
「我已經連續開了四年車，後來我在開車時睡著，接著就發生車禍了。」
「我去看醫生的路上被後車追撞，因為車子的萬向接頭壞了，所以害我出車禍。」
「我為了閃避撞上前車，沒想到反而撞上了行人。」
「我回家的時候車子開錯車道，撞上別人家的樹。」
「我只是想要跟上後車的速度而已。」
「那個行人不知道自己要往哪個方向跑，所以就被我撞倒了。」
「那傢伙滿街上亂跑，我只好彎來彎去閃避好幾次，結果還是撞上他了。」
「我把車子從路旁開走，剛好瞥見我岳母，結果車子就衝過路堤了。」

許多在失敗高速道路上的人犯了錯誤卻拒絕承認犯錯，他們認為每一項障礙或失誤都是別人的錯，因此一般是以下列這些方式反應犯錯一事：

常見犯錯反應：亂發脾氣

有一種對失敗的反應，會造成當事人滯留失敗高速道路下不來，那就是發脾氣。你很可能而且企圖為自己說錯的話找理由，這使他看起來越來越蠢。這就是硬拗的人會做的事，如果養成習慣，他們就會長期卡在失敗高速道路上下不來。

我和妻子瑪格麗特養育一對兒女伊莉莎白和喬波特，他們現在都已成家。在教養孩子的過程中，我們發現兒子喬波特很有自己的看法，相當特立獨行。每次他做錯事情，第一反應就是說謊，然後就硬拗，企圖掩飾過錯。我到現在還能清楚記得他斷然否認偷吃巧克力糖時一臉被冒犯的表情——那時候他九歲，小臉上還留著巧克力的痕跡。為了破除喬波特的那個習慣，瑪格麗特和我可說是費盡心力。

佩頓．馬奇將軍（Peyton Conway March）發覺：「任何稱職的人都會堅持自己相信的正確事物，然而更高竿的人才能毫不保留的立刻認錯。」如今我的兒子喬波特已經長大成人，犯了錯必會承認，我很欣慰。這是好事，因為不斷硬拗的人是絕對脫離不了失敗高速道路的。

常見犯錯反應：放棄

假如你待在失敗高速道路上夠久，最後速度就會慢下來。我老家亞特蘭大周遭有個285號州際公路環道，每天尖峰時間總是交通大堵塞，和失敗高速道路上速度放慢的情況類似，很多人碰到了就乾脆放棄。個人發展專家保羅．梅爾（Paul J. Meyer）說：「**失敗的人當中，有百分之九十並非真正挫敗，他們只是放棄了。**」

為了與逆境同行，你必須清醒過來

碰到失敗高速道路壅塞時只有一個解決辦法，那就是趕緊清醒過來找出口。為了離開不斷失敗的道路，你必須說出最難開口的那三個字：「我錯了。」睜亮雙眼、承認錯誤，為當前錯誤的舉動與態度接受完全的責任。你經歷的每一次錯誤都是叉路口，這是你採取正確行動、檢討錯誤、重新開始的機會。

管理大師彼得．杜拉克說：「一個人越優秀，他會犯的錯誤就越多，因為他將會嘗試更多新事物。我絕不會提拔一個從不犯錯的人擔任高階職位，這種人勢必是庸才。」錯誤真的會替成功鋪路。

下面是我作的一首詩，幫助我秉持正確的觀點看待錯誤。錯誤是——

是訊息，給予關於人生的反饋。
是中斷，應可促使我們反省與思考。
是路標，指引正確的路徑。
是考驗，鞭策我們更加成熟。
是醒鐘，使我們養成堅持努力的心理。

是鑰匙，用來開啟下一扇機會之門。

是探索，帶我們前往從未去過的地方。

是宣示，彰顯我們的成長與進步。

幾年前我在一場五萬多人參加的活動中演講，我分享創作歌手波西亞．尼爾森（Portia Nelson）寫的一段文字。這是聽過我演講的人最常點名想聽的段子，題為〈五個短章自傳〉（Autobiography in Five Short Chapters），它將脫離失敗高速道路的過程描述得極為生動：

第一章 我走在街上，人行道有一個很深的大洞。我掉進去了，找不到方向，也沒人來幫我。這不是我的錯。我花了非常久的時間才想到辦法出來。

第二章 我走在街上，人行道有一個很深的大洞。我假裝沒看見，卻又掉進去了，我不敢相信又是在同一個地方，可是那不是我的錯。這次還是花很久的時間才出來。

第三章 我走在同一條街上，人行道有一個很深的大洞，我明明看見，還是掉進去了。這已經變成習慣，我的眼睛是睜開的，我也曉得自己在哪裡。這次是我的錯。我馬上爬出來。

第四章 我走在同一條街上，人行道有一個很深的大洞。我繞開了。

第五章 我換了另一條街走。

脫離失敗高速道路、發現新成就領域的唯一方法，就是替你自己和你犯的錯承擔完全的責任。西蒙與舒斯特（Simon & Schuster）出版公司總編輯麥可．科達（Michael Korda）宣稱：「任何大幅度的成功都需要你接受責任。根據最終分析，所有成功人士都擁有一項特質，那就是能夠承擔責任。」

你最重要的能力：負責任

是否承擔責任的戰鬥起於內心，而擔起責任的決心能不能勝出，和個人的天賦、智商或機會關聯不大，關鍵在於個人的性格。正因為如此，藝術家史都華．強生（Stewart B. Johnson）才會說：「**我們的人生宏旨不是超越別人，而是超越自己——打破自己的紀錄，今天的自己勝過昨天的自己。**」

當人們培養更深厚的品格，接受自己應有的責任，並且開始從失敗中記取教訓時，旁觀者能夠看出來，因為他們的表現出類拔萃。舉例來說，我遷居喬治亞州之後，在國家美式足球聯盟（NFL）的亞特蘭大獵鷹隊（Atlanta Falcons）球員克里斯．錢德勒（Chris Chandler）身上就看到了這一點。

錢德勒是四分衛，以前在好幾支球隊間載浮載沉。亞特蘭大獵鷹隊聘雇他之前，九年內他先後為五支球隊效力過，但表現都不是太出色。後來到了鳳凰城，錢德勒遇上教練傑瑞・羅姆（Jerry Rhome），一切開始改變。

錢德勒談到他事業生涯的那一部分：「我已經到了一個瓶頸，對什麼都不在乎了。」他對聯盟的看法影響了自身行為，不願意為自己沒有起色的表現承擔完全的責任。錢德勒說：「我認為ＮＦＬ太過政治化，本來已經準備要退休了，是傑瑞把我的競爭心態找回來，他教我怎樣比賽，重新把足球變得好玩起來。」羅姆是怎樣辦到的？他告訴錢德勒真相：「球季結束之後我告訴他，他的能力很強，但不受教。我提議和他一起合作。」[2]

一開始錢德勒抗拒不從，他期望別人都要適應他的風格和能力，然後他改變心意，接受羅姆的提議。有了教練的協助與自身的努力，加上願意改變自我而非期望別人改變，錢德勒終於成為ＮＦＬ最優秀的四分衛之一，更在一九九九年帶領球隊打進超級盃冠軍決賽。

滯留在失敗道路上

不是每個人能學會接受為自己的行動負責。關於失敗高速道路，我聽過一則很不尋常的故事，是羅茜・魯伊斯（Rosie Ruiz）的故事。回顧一九八〇年，她是第一個跑完波士頓馬拉松比賽的女性，也是歷來女子馬拉松選手速度排名第三的跑者。可是從魯伊斯跑完的那一刻起，人們就質疑她的「勝利」。

最震驚的人是另一名女選手賈桂琳．加羅（Jacqueline Gareau），雖然外界不看好她會贏，但她畢竟已經訓練跑步三年了。在那場比賽途中，加羅超越所有女性選手，看起來就快要贏了，但就在終點線前一英里處，另一個女選手忽然後來居上，那就是魯伊斯，她搶先抵達終點，大會宣告她獲得女子組冠軍。現場立刻掀起軒然大波。

男子組冠軍比爾．羅傑斯（Bill Rodgers）說：「我知道中間有鬼。」他說魯伊斯的體脂肪太高，肌肉不夠多，不可能勝任長距離賽跑。此外，魯伊斯跑到終點線時看起來沒有筋疲力竭，沒有汗如雨下，接受訪問時也顯得不熟悉和跑步有關的事。

主辦單位感到懷疑，於是開始介入調查。他們發現魯伊斯取得紐約馬拉松比賽的偽造跑完全程合格證書，然後拿它報名參加波士頓馬拉松比賽，才獲得了比賽資格。主辦單位推測魯伊斯在波士頓比賽中，從距離終點線一英里的某處混進一群賽跑選手之間，因此沒懷疑魯伊斯超越了其他女選手。波士頓體育協會取消她的資格，一週後頒發冠軍頭銜給賈桂琳．加羅。

最叫人吃驚的是，一年之後魯伊斯仍然沒有記取那次錯誤的教訓。邁阿密舉辦一場十公里長跑比賽時，加羅看見魯伊斯，對方企圖找她談和，以消除先前的隔閡。加羅回憶道：「我說：『你在波士頓為什麼那樣做？』她說：『噢，我真的跑了。』所以根本不可能跟她談下去。」

兩年後的波士頓馬拉松比賽時，魯伊斯因為偷竊雇主的現金和支票被逮捕並起訴。一年後

06

不論你遭遇什麼，失敗源於內心

人生不僅要能打一手好牌，也要能打好一手爛牌。
——丹麥諺語

當你學會替自己、替自己的問題與失敗承擔責任時，就是為與逆境同行做更充足的準備。然而，如果你遭遇的龐大困難不是自己造成的，也無法控制，那該怎麼辦？

人生中最容易允許失敗打倒自己進而放棄的時刻，莫過於外在環境導致極度艱難或哀傷的時候。不過無論困難源於自身或外在因素，失敗都是在人的內心創造出來的。失敗始終源自內心，讓我來舉例說明。

一九九九年春天，我的出版商湯馬斯·尼爾遜（Thomas Nelson）邀請我參加圖書巡展，去全國多個城市演講。其中一站是肯塔基州的萊克辛頓（Lexington），我在那裡認識了葛瑞格·洪恩（Greg Horn），他在肯德基州的辛西亞納（Cynthiana）開了一家生鮮雜貨店，名為派勒斯食品中心

（Payless Food Center）。葛瑞格告訴我一個很不可思議的故事，說明不論發生在你身上的是什麼事情，你心裡發生了什麼才是重點。

保持頭部（與心）露出水面

一九九七年三月一日，葛瑞格人在路易斯安那州的波西爾市（Bossier City），他是從肯德基州的家裡來到波西爾市，參加由我主持為期兩天的領導力會議。會議結束後，他先搭機前往聖路易市，然後再轉機回家。他在路上興奮地思考著該如何將剛剛接受的領導力訓練付諸行動。

葛瑞格在聖路易市機場的登機門等待轉機回萊克辛頓時，班機因為肯塔基州天候惡劣而延誤起飛，後來延誤又演變成取消航班，於是他被迫留在聖路易市過夜。葛瑞格的旅行經驗豐富，早就學會出門在外碰到突發事件時隨機應變。第二天早晨他搭上第一班飛機返家。

直到飛機抵達萊克辛頓市，葛瑞格才明白壞天氣造成的問題有多嚴重。他從機場開車朝北方的辛西亞納市前進，看到造成前一晚班機取消的暴雨留下的影響，又得知流經辛西亞納市的利金河（Licking River）水面暴漲淹沒堤岸，這時他開始擔心店裡的情況，於是直接開車過去，想要確定一切安好。那短短的三英里路感覺像沒有盡頭似的。

葛瑞格終於抵達時，發現整個區域都淹水了，他站在離自己店面兩百碼外，只能看見屋頂和寫著「派勒斯食品中心」的招牌，其他全都淹在水下。葛瑞格垂頭喪氣地返回家，結果也靠近不了自己的家。

葛瑞格去姊姊位在萊克辛頓市的家住了三天，一邊等待水退，一邊盤算該怎麼辦。他打電話給保險業務，沒想到還有更糟的消息：他替店裡保了所有的險種，只除了一種沒有買——沒錯，就是水災險——所以得不到理賠。

葛瑞格總共等了五天才進得了店裡，打開門的那一刻，他面對的是徹底的毀壞。價值五十萬美元的存貨全部泡爛，電子收銀機裡滿是髒水，重達五百磅存放米的大冷凍櫃被洪水舉起，然後砸在一處收銀櫃檯上面。那種叫人心灰意冷的亂糟糟景象，讓人想要鎖上門一走了之，再也不回頭。

葛瑞格說：「那一刻我是有選擇的。」他可以放棄，承認這場悲劇導致他生意失敗了。「我大可宣告破產，可是我沒有那樣做。我想起前幾天在領導力會議上學到的原則：重點不是發生在我身上的事，而是發生在我內心的事；關鍵不是問題的大小，而是我處理問題的方式。跌倒了，就要爬起來。我決定要克服這次經歷。」

他估計店面所在的建築物結構依然完好，但是裝潢全部泡湯。店裡所有的東西都靠人力清除乾淨，動用二十二車次的卡車才把毀損的存貨全部運走。葛瑞格和員工日夜不停工作，所有收銀機都換新的，地板重新鋪上磁磚。

水災後的重建花了葛瑞格一百萬美元，可是他奇蹟式的在短短十六天之內完成重建，派勒斯食品中心得以重新開張。水災之後，這家店只關門歇業二十一天。

評估衝擊

碰到像葛瑞格的店被洪水摧毀這類事件，當事人該如何評估事件的衝擊？你可以用金錢多寡來衡量，也可以用日子長短來計算，還可以估量事件造成的情緒衝擊有多大。不過葛瑞格會鼓勵你用事件影響多少其他人來評估：「得以在二十一天內重新開張，讓八十名員工重返工作崗位，他們當中有許多人本身也是水災的受災戶。俗語說得好：『榮耀之前必謙卑』。」

葛瑞格是示範一個人如何學習與逆境同行的絕佳範例。很多人渴望掌控自己生活中的各種狀況，然而真相是我們無法決定命運，無法控制究竟會拿到一手好牌還是爛牌，只能想辦法打好手裡拿到的牌。這正是葛瑞格做的，他本來可以認輸，讓水災終結自己的店和事業。可是他沒有放棄，反而將這場水災變成一塊墊腳石，為了員工、社區和他自己，力拚東山再起。

「我經營雜貨事業的原因，是想要對人們產生影響。」葛瑞格說，「我在辛西亞納開店以前，是在好時巧克力公司（Hershey's Chocolate）工作，管轄營收一百二十萬美元的分店，收入很優渥，可是那還不夠。」

自從水災發生後，他獲得無數獎項，也得到本地商會的表揚，獲頒年度商業人物頭銜。葛瑞格善用水災的負面經驗，開展他的激勵演講事業，他幾乎每週都會公開對其他人傳播鼓舞人心的訊息。[1]

南非將領詹恩．克利斯蒂安．史莫茲（Jan Christiaan Smuts）指出：「**人不是被對手打敗，而是被自己打敗**。」確實如此，不論你的人生境遇多麼艱難，對抗失敗時最激烈的戰場位於你的內心而不是外在。你要怎麼打這場仗？第一步是培養正確的態度。

正面心態：內心戰鬥的第一個關鍵

你可能很熟悉墨菲定律，也就是「如果壞事有可能發生，就一定會發生——而且是在最糟的時候發生。」還有彼得原理：「人們永遠會晉升到自己能力無法勝任的位置。」（順便一提，這兩項法則都是悲觀主義者編寫的！）還有一條類似的人類行為法則：「我們遲早都會恰好得到自己期望的東西。」

我要問你一個問題：這條人類行為的法則是樂觀還是悲觀？停下來想一想你的答案。我這麼說的原因是，你的反應會暴露你本人的態度。假如你期待人生只會出現最糟的事，那麼你很可能會說那條法則是悲觀的。反之如果你對人生抱持正面的期望，那你很可能會回答「樂觀」，因為一想到能得到自己期待的東西，就備受鼓舞。所以你的態度決定了你的觀點。

要贏得對抗失敗的內心戰鬥，第一要件就是擁有積極的觀點。賓州大學心理學教授馬汀．塞利格曼研究三十個不同產業的員工，他說：「那些重振旗鼓的人都是樂觀主義者。」[2]

承認吧，並非每個人天生都是樂觀的，有些人看到半杯水，自然而然覺得是半空而不是半滿。然而不論你的天性樂觀或悲觀，都可以成為比較樂觀的人。該如何培養樂觀主義呢？答案是學習知足的祕密，只要學會這一點，不管發生什麼事都能安然度過風暴，在任何情境中都能找到優勢加以發展。

近年知足這個觀念並不受青睞，其中一個因素是我們的文化其實阻礙了知足的概念。人們不斷被大量訊息轟炸：「你有的還不夠，你需要更多，更大的房子、更好的車子、更高的薪水、更白的牙齒、更清新的口氣、更美的衣服……」清單沒完沒了，然而真相是：擁有健康的知足心態，是承受失敗不可或缺的條件。

大家對知足有很多誤解，我們先來看看知足**不是**什麼：

一、知足不是壓抑情緒

我們都經歷過負面情緒。你覺得當葛瑞格親眼看到自己的店水淹六尺時，心裡是什麼感覺？你固然不希望任情緒狂飆，但也不應該企圖壓抑情緒。否認不會幫助你變知足，即使你企圖埋葬情緒，最終情緒還是會流洩出來。

假如你嘗試把壓抑情緒當作獲得滿足的策略，最後會像醫院裡瀕死的那個老人一樣：他失去意識兩個星期，忠實的妻子每一分鐘都坐在他身旁守著，最後老人清醒過來可以開口了，他低語：「親愛的，你陪我熬過所有困難的時刻。當我被解雇時，你在我身旁支持我；當我們失去房子時，你始終沒有離開我身旁；我的生意失敗，健康開始走下坡，你還是不離不棄。」

「沒錯，親愛的。」妻子微笑回答。

「你知道嗎？」丈夫說。

「知道什麼，親愛的？」妻子問。

「你真是掃把星！」

壓抑情緒不會令你知足。

二、知足不是維持現狀

我父親當了很多年的牧師，他常講一個故事，是關於教區裡一個農夫拒絕自我改進的事。父親試圖鼓勵他、引導他，可是對方怎樣都不肯改變。他給我父親的反應始終一致：「我的確沒什麼進步，可是我已經穩定立足了。」

有一天我父親開車經過那個人的農場，看見農夫的曳引機陷在泥巴裡，不管他怎麼努力，泥巴四濺，曳引機還是動彈不得。

農夫嘗試多次之後依然沒有進展，他開始爆粗口，亂罵一通。我父親在那一刻搖下車窗，對著農夫大嚷：「哎呀，你的確沒什麼進步，不過肯定是穩定立足的。」

知足不代表滿足惡劣的狀態，而是意謂你在努力掙脫惡劣情勢的同時抱持良好態度。當葛瑞格發現店裡淹水時，他沒有放棄，也沒有讓步，而是找出最有利的方式努力向前邁進。

三、知足不是獲取地位、權力或財產

在我們的文化裡，太多人相信知足來自於獲取物質財產或權力地位。可是這些東西也不是知足的關鍵。如果你想要相信它們是知足的關鍵，請記住富豪洛克斐勒（John D. Rockefeller）的話。記者問這位當時的世界首富和最有權力的人：擁有多少財富才足夠？他的答案是：「只要再多一點點。」

知足來自於擁有正面的態度，意思是：

- 期待每件事都有最好的結果——而不是最壞的。
- 保持樂觀向上——即使是遭逢打擊時。
- 對每個問題都看見解決的辦法——而不是對每個解決辦法都看見問題。

• 對自己有信心——即使別人都相信你已經失敗了。
• 保持希望——哪怕別人都說沒希望了。

不論你遭遇什麼事，積極的態度來自內心，外在環境和內心知足是不相關的兩回事。

積極行動：內心戰鬥的第二個關鍵

少了知足提供的正面心態，你根本無法贏得對抗失敗的內心戰鬥。然而如果你只是思想正面，卻什麼事也不做，照樣沒辦法與逆境同行。你必須在正面心態之外採取積極行動。

有些人因為把注意力的焦點放在超過自己可掌控的事物而陷入麻煩。領導力專家弗瑞德．史密斯（Fred Smith）說，積極行動的關鍵是了解問題和生活現實之間的差別。**問題可以解決，而生活現實則必須接受**。舉例來說，對葛瑞格而言，水災是現實，所以他沒有浪費時間去假設當初如果把店開在別的地方會怎樣（城裡其他店家都沒有淹水）。沒有買水災險是現實，好幾天進不了店門也是現實，可是葛瑞格把焦點放在自己能夠解決的問題上，譬如怎樣籌錢維修店裡設備和補進新貨，怎樣把建築物裡的廢物全部清除乾淨，怎樣盡快重新開張。他把注意力放在能轉好的事情上，盡可能保持正面心態，同時採取積極行動。

失敗是內心的事，成功也是。如果你想要有成就，就必須先在思想上贏得戰爭，不能讓外在的失敗進入內心。人當然不可能控制生命的長度，但卻能控制生命的廣度與深度。你控制不了五官的線條，但是可以控制五官的表情。你不能控制天氣，但是能控制心靈氛圍。當你可以控制那些操之在我的事情，忙都忙不過來時，為什麼要去煩惱無法控制的東西呢？

我讀過一篇文章，內容特別著墨於挪威人民的力量、勇氣和韌性。歷史上有些最堅毅的探險家都來自挪威（包括羅德・艾孟森〔Roald Amundsen〕，我在《領導力21法則》〔*The 21 Irrefutable Laws of Leadership*〕一書中寫過他的故事）。不管天候多麼惡劣、環境如何艱苦，他們總是能堅持不懈。

那種能力已經變成他們文化的一部分。居住在北極圈的挪威人熱愛戶外活動，我認為他們的一句諺語恰好捕捉挪威人的態度：「沒有壞天氣這種事，只有衣服恰當與否的問題。」[3]

將失敗擋在門外

此刻你可能會問：「你說的都很好，可是關我什麼事？你沒有經歷過我遭遇的事。即使葛瑞格的故事和我相比也只是小巫見大巫。他損失的只是錢罷了！」

假如你還是很難相信失敗真的純屬內在，你麼你需要聽聽這則故事，此人在克服最困難的境遇時，依然維持贏家的態度。

他的名字是羅傑・柯羅福（Roger Crawford），在本書寫作完成時大概四十歲，從事顧問和公開演說的工作。他已經寫了兩本書，在全國各地旅行，顧客不乏財富五百大企業（Fortune 500）、全國和各州協會、各地學區主管機關等等。

這些資歷相當耀眼，如果還是無法令你驚豔，那就再往下看。羅傑成為顧問以前，是羅耀拉瑪麗蒙特大學（Loyola Marymount University）的網球校隊選手，後來還成了美國職業網球協會認證的職業網球選手。這樣你還是不覺得他厲害？若是我告訴你，羅傑不僅沒有手，還少了一隻腳，你會改變想法嗎？

羅傑罹患先天性缺指畸形（ectrodactylism），出生時醫生發現他的右前臂長出一根像大拇指的凸出物，左前臂則長了一根大拇指和另一支手指。他沒有手掌，腿和手臂都比平常人短，右腿下是只有三根腳趾、外形萎縮的足部（五歲時接受手術截斷該足）。多位醫學專業人士告訴羅傑的父母，這個孩子永遠沒辦法走路，很可能也不能照顧自己，永遠無法過正常生活。

羅傑的父母震驚過後，決心要盡可能給兒子最好的機會，讓他擁有正常的生活。在他們的教養下，羅傑感到被愛、感到強壯，也開始培養獨立能力。父親常告訴他：「除非你想當殘障，否則你就不是殘障。」

到了入學年齡，羅傑的父母送他去上普通的公立學校，還讓他參加體育活動，鼓勵他去做任何心所嚮往的事，並教導他要正面思考。「我父母從來不允許我可憐自己，也不許別人因為我的殘疾而占我便宜。」羅傑說。[4]

假如他都做得到……你也可以

羅傑感謝父母給他的鼓勵和訓練，但我想他不是真的了解自己的成就有多麼重要、多麼打動人心，直到上大學後，有人說想要見見他。羅傑接到一通電話，對方在報章上讀到他參加網球比賽贏球的事，羅傑答應在附近的餐廳和他碰面。當羅傑站起來和對方握手時，發現對方的雙手和他自己的幾乎一模一樣。羅傑很激動，因為他以為找到了和自己相像的長者，未來可以向他請教。可是和這位陌生人交談幾分鐘之後，羅傑明白自己錯了。他解釋：

和我預想的不同，我發現這個人的態度酸苦、悲觀，把生活中所有的失望和失敗都怪罪在自己身體上。

我很快就了解，我們的生活和態度簡直天差地遠……。他不論做什麼工作都不長久，他相信是因為受到「歧視」——絕不是因為常常遲到、經常曠職、不負責任（他自己承認的）。他的態度是：「這是世界欠我的。」他所有的問題都出在世界不配合。他甚至生我的氣，因為我沒有他的那種絕望。

我們互相聯繫了幾年，後來我醒悟過來，就算奇蹟忽然發生，給了他完美的軀體，他的不快樂和不成功也不會改變。他照樣會留在人生中的同一個地方。[5]

那個人容許失敗從內心攻占他，反觀羅傑則熟悉與逆境同行之道。論艱難程度，你人生中的困境很可能無法和羅傑的相比，正因為如此，他的故事才無比激勵人心。羅傑主張：「唯有我們願意，殘疾才能讓我們變成殘障。這個道理不僅適用生理挑戰，也適用情緒和智力的挑戰……。我相信真正持久的限制，是心理而不是身體造成的。」[6] 換句話說，不論你遭遇什麼，失敗源於內心。

第6步 別讓外在的失敗進入內心

你認為自己生活中最大的挫折和失敗來源是什麼？想想那個因素，然後在以下空格寫下所有與它相關的心痛、痛苦、障礙和問題：

	困難	現實／必須的行動
1		
2		
3		
4		
5		

逐一考量這些項目，決定每一個項目究竟是生命中的現實（你需要接受，然後放下，繼續向前走），或是需要採取的積極行動。如果是生命現實，就在那個項目的後面寫下「現實」，然後效法羅傑的作法，下定決心保持正面心態。如果是需要採取行動的項目，就在下方空格寫下你應該怎麼做，才能在生活中創造積極的改變。然後宣誓要開開心心去做。

07
過去的事是否正在挾持你的人生？

上帝創造時間的原因之一，是為了找個地方埋葬過去的失敗。
——詹姆斯．隆恩（James Long）

我閒暇時喜歡打高爾夫球，水準普通，不過已經比以前好很多了。我最早是在一九六九年開始打高爾夫球，當時打得爛透了，用拎棒球球棒的方式握高爾夫球桿，企圖用蠻力把球打過平坦球道，結果打出去的球總是嚴重偏左，經常落進樹林和草叢裡。

我二十二歲那年才開始學高爾夫球，假如五歲就開始打球，就像當今很多高爾夫球手那樣，打起球來大概會容易得多吧，誰曉得呢？不論如何，我很高興自己開始學打球，我還可以告訴你是誰點燃了我對高爾夫球的熱情：阿諾．帕瑪（Arnold Palmer）。

老虎伍茲的前輩

帕瑪是二十世紀最偉大的運動健將之

一，他真的讓職業高爾夫球廣受矚目。《運動畫刊》（*Sports Illustrated*）的瑞克．瑞利（Rick Reilly）寫道：「基本上，這種本來有點太刻板、有點太排他、有點太菁英的運動，因為他而有了活力。」或者像體育評論員文．史考利（Vin Scully）說的：「他讓這種上流社會玩的運動變得如日中天。」正因為如此，職業高爾夫球巡迴賽球員洛可．梅迪亞特（Rocco Mediate）才會在帕瑪參加最後一次美國公開賽時，對帕瑪說：「您讓這一切成為可能。」高爾夫球名人老虎伍茲談到帕瑪時，則簡簡單單的說了一句：「我就想成為他那樣的人。」

和我同一輩的很多人（我一九四七年出生）都因為帕瑪才開始玩高爾夫球，就像當今高爾夫球運動因為老虎伍茲而變得炙手可熱一樣。帕瑪是最頂尖的高爾夫球職業選手，他和伍茲一樣，從很小就開始打球，長大後在高爾夫球場上什麼工作都做。（帕瑪的父親是高爾夫球職業選手，也是球場的場務總監。）

帕瑪在職業高爾夫球界活躍的時間超過四十年，贏得九十二次錦標賽獎項，其中六十一次是美國職業高爾夫球PGA巡迴賽的獎盃。從一九六〇到一九六三年，帕瑪是全世界最偉大的高爾夫球選手，贏得二十九次PGA獎項。這項能力讓他獲得一九六〇年《運動畫刊》的年度運動員（Sportsman of the Year）榮銜。根據美聯社舉辦的一項民意調查，帕瑪是公認十年來的最佳運動員。有一位球評說帕瑪融合了「劫匪的大膽和空中飛人的無畏自信，他在高爾夫球場上不是打球，而是在攻城掠地。」[1]高爾夫球傳奇人物鮑比．瓊斯（Bobby Jones）曾說：「假如我能有八尺推桿的機會，而且勝敗全靠這一球，那麼我想要帕瑪來代打。」

帕瑪腳踏實地的態度、熠熠生輝的性格、壯實英挺的外表、不可思議的球技，在在吸引大量看球的群眾，跟隨他從一個球洞走到下一個球洞，就像今天老虎伍茲的球迷一樣。回顧當年，外界戲稱這些群眾是「阿尼大軍」（Arnie's Army，譯注：阿尼〔Arnie〕是帕瑪的名字阿諾〔Arnold〕的暱稱），為了一睹他們的「國王」在球場上的英姿，願意追隨他去任何地方。這是高爾夫球運動首次出現這種現象，旁觀者自然覺得很有趣。

即使頂尖高手也會馬失前蹄

任何高爾夫球選手都可能碰上糟透了的球洞，哪怕他是名人堂選手帕瑪。把一場球好好打完的關鍵是忘記先前打壞的球，這點可能很困難，尤其是還有人特意在球洞邊豎立銅牌紀念你的失誤，這正是帕瑪的遭遇。

一九六一年的洛杉磯公開賽舉辦時，正值帕瑪事業生涯的顛峰。那一天的比賽成了帕瑪這場公開賽的最後一天，他在標準桿五桿的第九球洞開了一記好球，揮第二桿時想要把球打上果嶺，如果成功就有機會嘗試打出博蒂（birdie，譯注：又稱小鳥球，指某洞的成績低於標準桿一桿），更接近成績領先的選手。

帕瑪用三號木桿擊球，他自信是一記好球，可是球飛出去略偏右方，擊中一支旗桿，彈出界外，落在練習場內。帕瑪落了一球、被罰一桿，然後又試了一次。這次他的球飛出去向左彎，飛越球場掉到馬路上，他再次落球、罰桿。帕瑪重複這個過程，連續好幾次將球打出界，最後終於把球打上果嶺時，已經累積到十桿，接著又推桿兩次才把球打進洞裡。帕瑪打完這一洞的成績是十二桿，本來只落後領先選手僅三、四桿，最後卻以極差的分數慘遭淘汰。

如今事隔幾十年，如果你到洛杉磯的牧場公園高爾夫球場（Rancho Park Golf Course）的第九球洞，就會看到那裡豎立了一塊銅牌，上面寫著：「一九六一年一月六日星期五，第三十五屆洛杉磯公開賽第一天，當年度票選榮獲高爾夫球年度選手與年度職業運動員的阿諾．帕瑪，在此洞的成績是十二桿。」

一九九〇年代末期，我有個機會遇到正在打高爾夫球的帕瑪，地點是在奧蘭多的灣丘俱樂部（Bay Hill Club）。當時我正和家兄賴瑞在那裡打高爾夫，在我們後面有一個四人組，「國王」本人就在其中。我們快結束時，我在倒數第二個球洞發球，這一球真的偏左太厲害了，球衝過鄰近的平坦球道，直接砸向另一個打球的人。我高聲大喊「讓開」時，驚恐地發現那個差點被球爆頭的人竟然就是帕瑪。萬幸他躲開了。

大約六個月後，我收到這封信：

親愛的約翰：

本人暨灣丘俱樂部所有員工謹在此祝您五十歲生日快樂。我以俱樂部創辦人的名義，親自邀請您參加我們的業餘長青巡迴賽，若蒙您加入，將是我們的榮幸。

順便一提，去年十一月您差點在第十七號球洞將我爆頭，我就特別記住這件事：「那一記揮桿顯然來自於某位夠資格參加長青巡迴賽的人士。」當時我不知道那位人士的身分，直到看見會員生日名冊，才確定我說的真對。這記獨特的揮桿如今為您拿下資格，加上您的五十歲生辰，閣下已成為我們長青俱樂部的菁英會員。入住時，請直接要求長青折扣，我很確定您不需要出示證件。我們的工作人員很自豪，能從貴客的髮色、臉部線條與其他特徵辨識其年齡。如果這些都不行，只要向他們展示您的揮桿即可，一定行得通！

五十歲生日快樂，約翰．麥斯威爾！

保持揮桿，阿諾．帕瑪

高爾夫球好手不會沉溺於壞成績——如果他們想要繼續當好手，就不會這麼做，這一直是帕瑪信奉的真理。有一次有人問他那次在公開賽第九球洞的表現，帕瑪評論道：「那塊可惡的銅牌在我死後還會立在那裡很久。可是你必須放下那樣的事，這是高爾夫球很妙的一點，你的下一次揮桿可能和上一次一樣好或一樣糟——不過你永遠還有另一次機會。」[2]

過去如何影響現在

使職業高爾夫球選手表現出色的同一種特質，也能使任何人克服失敗，變成強大的成功者：那就是放下過往舊事，繼續往前行的能力。那種特質會讓當事人懷抱熱忱應付眼前的挑戰，只留下極少量個人過往的沉重包袱。

反之，無法放下從前的傷痛和失敗的人，等於是被過去挾持，時時背著沉重包袱，讓他非常難向前行。事實上，我與他人共事數十年來，還沒有見過任何成功人士是不斷緬懷過去困難處境的。

幾年前我聽友人恰克．史溫道（Chuck Swindoll）講了一則長尾小鸚鵡奇皮的故事。他說這隻小鳥之所以出事，是因為女主人用吸塵器清理鳥籠底部散落的飼料種籽和羽毛。電話鈴響起時，女主人跑過去接電話，你猜怎麼著？砰的一聲響後，吸塵器發出咻聲，然後奇皮不見了。女主人很快關掉吸塵器的電源，拉開集塵袋拉鍊。奇皮果然在裡面，牠嚇呆了，所幸還有呼吸。女主人看到小鸚鵡全身布滿黑色塵埃，趕緊把奇皮帶到浴缸，她扭開水龍頭，將小鳥放在水量全開的冰冷水柱下沖洗。那一刻她突然醒悟，此舉可能造成更大的傷害，於是她又迅速拿出吹風機，對著濕淋淋還發著抖的小鸚鵡猛吹一頓熱風。恰克用一句話結束這個故事：「奇皮現在不怎麼鳴叫了……」

那些克服不了過去的人有一點像奇皮：容許負面經驗扭曲他們至今生活的方式。這話可能聽起來像我在輕描淡寫你過去的遭遇，並不是這樣，我認識一些在這個不完美的世界上遭逢真正悲劇的人，他們痛失子女、配偶、父母、朋友，有時候是在極其可怕的情況下發生的（我父親還不滿八歲就失去母親）。人們罹患癌症、多發性硬化症、愛滋病，以及其他令他們失能的疾病。有人受制他人，慘遭無可言喻的虐待。這些都是真實發生的事，然而悲劇並不意味當事人就不能再擁有積極人生觀、具有活力、過最充實的生活。一個天生重度殘疾的人覺得整個世界都欠他，另一個命運相仿的人（例如羅傑・柯羅福）卻努力成為職業網球選手。某人感染愛滋病苦水滿腹、灰心喪志，另一個人感染愛滋病（例如籃球選手魔術強森）卻事業發達、享受家庭生活。一名女子被強暴後退縮自閉、不肯與人交流，另一名際遇相同的女子（如凱莉・麥吉莉絲〔Kelly McGillis〕）則克服被強暴的經驗，成為好萊塢的成功女明星。不論一個人的過去多麼黑暗，都不應該永遠扭曲他現在的生活。

為過去而崩潰的跡象

依照我的經驗，人們因為過去的問題而受到的衝擊有兩種：或崩潰，或突破。那些無法克服過去難題放下心結的人，會出現以下五種跡象：

受困過去的跡象一：比較

如果你聽到有人不斷講他比任何人吃的苦都多，這個人很可能是在容許自己受過去挾持。這類人的座右銘類似作家昆汀．奎斯普（Quentin Crisp）說的：「絕不要和周圍的人比排場，要把他們拽下來與你的水準一樣，這樣便宜多了。」

受困過去的跡象二：合理化

陷在過去無法自拔的人還有另一個特點，那就是合理化：他們相信是基於很好的理由，自己才克服不了過去的難關。合理化創造一團迷霧，阻礙人們找到問題的解決辦法。藉口不論多麼牽強，都沒辦法導向成功。

受困過去的跡象三：孤立

如同我說過的，有些人因為過去受到傷害而退縮，就像為了自我保護，身體會出現自然反射。天性外向的人因為過去而孤立自己，看起來特別悲慘。英國文學家路易斯（C. S. Lewis）主張：「人皆生而無助，一旦擁有完整意識，便發現了孤單寂寞。我們的身體、情緒、智力各方面都需要別人，想要了解任何事，甚至是了解自己，我們都需要別人。」

受困過去的跡象四：後悔

後悔會嚴重妨礙我們活在當下，因為後悔會消磨人的精力，讓人沒有能力再採取任何積極的舉動。我的朋友德懷特．班恩（Dwight Bain）曾經寄給我一封電子郵件，講述「後悔之城」的故事：

今年我沒有認真計畫出遊，可是我發現自己還是打包了行李。我還是上路了，其實心裡很畏懼，卻又走上另一趟罪咎之旅。

我在「但願我曾航空公司」訂位。我沒有托運行李——搭這家航空公司班機的人都自己把行李帶上飛機——我只好拖著行李在後悔之城機場裡走了很久，感覺有好幾里路。我看見身旁來自世界各地的人們，大家都被自己打包的沉重行李拖累，一瘸一拐地走著。

我搭計程車去「最後一個選擇度假飯店」，這整趟路司機是倒退開的，一路都轉頭看著車子後方。我發現自己要去的活動地點上方飄著氣球，上面寫著：年度可惜派對。在飯店登記入住時，我看見所有老夥伴都在來賓名單上：

- 「本來」家族：本來會、本來可以、本來應該
- 兩個「機會」：錯過和失去
- 所有的「昨天」：族繁不及備載，但人人都有悲傷的故事可分享

・「破碎的夢想」與「跳票的承諾」也都會出席，還有他們的朋友「別怪我」和「不得已」

・當然，著名的說故事人「都是他們的錯」會提供很多很多時間的娛樂

就在我準備安頓下來，迎接極為冗長的夜晚時，我醒悟到一件事：有一個人擁有權力，能把所有這些人都送回家，破壞這場派對，那個人就是我。我需要做的只是返回到現在，迎接新的一天！

如果你發現自己正在搭飛機前往後悔之城，意識到那是你自己預約的行程，那麼你可以在任何時候取消這趟旅程，沒有任何處罰，也不收費，但是唯有你可以辦到。

受困過去的跡象五：怨恨

放不下過去的問題或痛苦的人，最終會變得怨恨所有人事，這是疏於處理老舊傷害與悲劇無法避免的結果。

Life Enrichment 機構總裁韋斯・羅伯茲（Wes Roberts）提出忠告：「人不需要一直當過去的受害者。」那些擺脫不掉受害者心態的人，會變成自己情緒的俘虜。「成年人往往會陷入成癮的牢獄：工作癮、酒癮、性成癮、食物成癮。我們將自己關進牢獄之中。」換句話說，我們容許過去挾持我們。

不論你經歷過什麼，記住這一點：有的人處境優於你，表現卻不如你；也有的人處境不如你，表現卻優於你。環境真的和是否放下個人歷史無關，過去的傷害可能使你辛酸痛苦，也可能使你變得更好，端視你如何選擇。

突破：替代崩潰的方案

人生中每一次面對重大的困難都是一個叉路口，由你選擇走哪一條路：是朝崩潰走，還是朝突破走。

迪克．畢格斯（Dick Biggs）是企管顧問，幫助財富五百大企業改善利潤和提高生產力，他寫過這一段話：我們所有的人都有過不公平的經驗，結果有些人勉強存活下來，接納「停止並終止」（cease and desist）的心態。畢格斯寫道：

教導毅力最好的老師之一，就是生命中關鍵的轉捩點。你要有心理準備，人的一生大概會經歷三次到九次轉捩點或「重要改變」。這些轉折可能是快樂的經驗，也可能是不悅的時刻，譬如失業、離婚、財務出狀況、健康出問題、摯愛的人去世。轉捩點能提供視野，也就是在人生的大架構之內審視重大改變，並讓時間的治癒力量發揮作用的能力。從轉捩點之中學習，就能在事業和生活成長到更深刻的層次。[3]

假如你曾經受傷慘重，那麼第一步就是承認可能經歷的痛苦，並哀悼你的任何損失，然後寬恕相關的人——必要時也要原諒你自己——這樣做會幫助你向前行。（如果你無法靠自己達成，就尋求專業人士協助。）

我了解熬過這個過程可能非常難，可是你能做到。只要這麼想：**今天**就會是你把過去傷痛轉變成未來突破的一天。切勿容忍個人歷史的任何事物一直束縛著你。

受東方夢召喚

有一個人始終輕車簡從（不帶太多個人行李），那就是加布里妮修女（Sister Frances Cabrini）。一八八九年三月的某一天，乘船旅行的三十八歲修女加布里妮在紐約艾利斯島（Ellis Island）登岸，心裡想著面前的使命：協助在紐約市建立孤兒院、學校和女修道院。過去她雖然經歷許多問題，卻沒有讓任何問題盤繞在心上揮之不去。

加布里妮全名法蘭切絲卡．羅蒂－加布里妮（Francesca Lodi-Cabrini）生於義大利的倫巴底（Lombardy），因為早產兩個月，她一直是村子裡身體最孱弱的孩子。加布里妮六歲時決定要去中國傳教，但是人們都嘲笑她的夢想，姊姊羅莎就譏笑她：「傳教團才不會接納一個大多時間都在生病的女孩。」

加布里妮十二歲時立下貞潔誓言。等到最低年齡限制十八歲一滿，她便申請加入聖心女兒修道院（Daughters of the Sacred Heart Convent），可惜因為身體太過病弱，果然被拒於門外。

受到拒絕不能讓加布里妮放棄去亞洲傳教的夢想，她開始在村子裡努力做自己能力所及的事，累積力量，證明自己有價值。她教導街坊鄰居的孩子，照顧年紀大的村民，天花大流行時她照顧家人和朋友，最後自己也染病了。等到加布里妮康復之後，她再次申請進入修道院，卻仍遭到拒絕。

過了六年，加布里妮終於獲得教團接納，她以為這個里程碑將會讓她更接近去中國傳教的夢想，沒想到卻遭遇更多挫折。加布里妮的父母在一年內相繼離世，然後她被派去本地學校教書，而不是去海外服務。她向其他專門在亞洲工作的組織提出申請，但還是被拒絕。不久，教會派她去離家不滿五十英里的科多尼奧鎮（Codogno）主持一間小型孤兒院，她在那裡度過充滿挫折的六年，然後孤兒院關閉了。

加布里妮依然夢想前往亞洲，這時一位上級告訴她，假如她想成為傳教團的一分子，就應該開始自行組織一個。加布里妮依言行事，在孤兒院的六個女孩協助之下，於一八八〇年創辦聖心修女會（Missionary Sisters of the Sacred Heart）。接下來的八年間，加布里妮成立了修道會，在米蘭、羅馬和其他義大利城市建立組織。

加布里妮嘗試在亞洲爭取一席之地，但是教宗良十三世（Pope Leo XIII）斷絕了她前往中國傳教的夢想。教宗告訴她：「不要去東方，你要去西方。你將在美國找到極為龐大的領域可以發揮力量。」她被派去紐約協助建立孤兒院、學校和女修道院。

西方之旅——成就人生的另一個方向

這就是一八八九年三月加布里妮修女來到艾利斯島的原因，她前往亞洲服務的畢生夢想破碎，被遺留在她唯一的家鄉義大利。可是加布里妮沒有回頭，她是個不容許過去的失落挾持自己的人。

接下來的二十八個年頭，她奉獻自己，服務美國教區的人民。過程中加布里妮克服許多障礙，例如，初抵紐約時，別人告訴她開設孤兒院、學校、女修道院的計畫流產了，她應該返回義大利。加布里妮沒有照做，反而解決了問題，依照原定計畫把這些設施全都興建起來。

不論遇到什麼困難，加布里妮都繼續設法克服。一九一七年她與世長辭，享年六十七歲，彼時已經在美國、西班牙、法國、英國、南美洲等地興建了七十幾所醫院、學校和孤兒院。

加布里妮的影響極為深遠，她是那個時代的德蕾莎修女——兩人擁有類似的同情心、堅毅、韌性、領導力，然而當初如果加布里妮容許過去束縛她，就絕對不會有後來非凡的成就。她沒有哀嘆失去夢想，也沒有抱怨年輕時受到的傷害，只是向前行，盡力實踐上帝給她的旨意。我希望各位也能像她一樣。

第7步 向昨日告別

為了今天能向前邁進，你必須學會向昨日的傷害、悲劇、包袱說再見。你無法為過去的問題樹立永誌不忘的紀念碑，同時又想與逆境同行。

現在花一點時間，羅列至今可能仍在挾持你的那些過去的負面事件：

針對上面所列出的每一個項目，請你一一完成下列程序：

一、承認痛苦

二、哀悼損失

三、寬恕對方

四、原諒自己

五、立志放下心結並向前邁進

如果你因為心懷恨意而難以掙脫束縛，不妨對上帝傾訴，請祂幫助你度過這個難關。無論這項過程多麼艱難，都要堅持下去。除非向昨日告別，否則你無法在今天做最好的自己。

08
犯這些錯的人是誰？

失敗是讓我認識自己究竟是誰的絕佳機會。
——約翰．基林格（John Killinger，牧師、作家）

有時候偉大的成就只能在一段失敗之後發生，那段失敗幫助你了解自己真正的面貌，之後才能達到後來的成就。約翰．詹姆斯．奧杜邦（John James Audubon）就是這樣的例子，奧杜邦學會（National Audubon Society，編按：美國非營利組織，致力於保護野生動植物及其棲地）就是以他命名。奧杜邦的一生很極端：問題與進步、掙扎與成功、失敗與大放異彩。以下是他的故事。

奧杜邦的商業生涯

一七八五年，奧杜邦生於海地，父親是法國海軍上尉。奧杜邦在法國長大，從小接受紳士教育，可是對學習興趣缺缺。由於桀驁不馴，奧杜邦十四歲那年被家裡送去軍校讀書，但他在那個環境也不得志，他真正熱愛的是狩獵和繪鳥。

奧杜邦十八歲時被送去美國，他父親覺得新世界有大好機會。奧杜邦在賓夕法尼亞州登陸，搬進父親擁有的房子。他在新環境中磨練林野技巧，繼續打獵和描繪野生動物，不久後認識鄰居一家人，發展良好的關係。這家人姓貝克威爾（Bakewell），對奧杜邦的一生影響極大。首先，奧杜邦愛上了他們家的女兒露西，然後在一八〇七年開始去貝克威爾家的貿易公司的會計室工作。此舉卻開啟了奧杜邦糟透的商業生涯。

奧杜邦的第一宗生意是買賣靛藍染料，結果賠了一小筆錢，看得出他這方面的表現不太如意。奧杜邦做了一段時間的進口生意都不成功，於是決定試試零售業。他透過父親的關係，和年輕的法國商人費迪南德．霍齊耶（Ferdinand Rozier）搭上線，兩人往西部去，到達俄亥俄河畔的肯塔基州路易維爾市（Louisville）。

他們在那裡開店做生意，可惜不怎麼成功。霍齊耶擁有做生意的堅持與韌性，而奧杜邦則展現終其一生都很突出的特質：打獵技巧、無拘無束的好奇心、無比旺盛的精力及藝術稟賦。霍齊耶在店裡守著櫃檯時，奧杜邦在鄉間打獵，帶回來的野鳥不是供他畫畫，就是供他們大快朵頤。

那段期間奧杜邦最喜歡做的生意貢獻，是前去費城和紐約採購店裡賣的貨物，因為他就可以趁機看看鄉下地方。有一次出門遠行，他回賓州娶了鄰居的女兒露西，然後帶著新娘一起返回路易維爾。

奧杜邦和霍齊耶這對生意夥伴合作了一陣子，但是不久就陷入財務問題。為了籌措需要的錢，奧杜邦賣掉露西分到的那份家族產業以償債。

兩個合夥人決定換個新地點做生意應該會有幫助，於是搬到下游的肯塔基州亨德森市（Henderson），在那裡待了六個月後又搬到另一處，這次遷到密西西比河岸。歷經千辛萬苦，終於在密蘇里州的聖吉納維夫（Ste. Genevieve）開了一家店，這裡是法裔加拿大人的聚落。

奧杜邦和以前一樣無法滿足做生意，大部分的時間都花在獵鳥和畫鳥上。沒過多久，他賣掉那家店的持股，兩個合夥人自此分道揚鑣。霍齊耶繼續開店，生意做得很成功，而奧杜邦則尋找另一場機會。替奧杜邦立傳的作家約翰．錢瑟勒（John Chancellor）指出：「奧杜邦相信自己應該堅持從商才對，而打獵、剝製標本、畫鳥當作樂在其中的嗜好就好。」

終於做了正確的改變

接下來十年，奧杜邦做過一連串不成功的事業，一八一一年決定回頭做進口生意，他和大舅子湯瑪斯．貝克威爾（Thomas Woodhouse Bakewell）於紐奧良開了一家委託交易行，從英國進口貨物。遺憾的是這個時點剛好是一八一二年第二次獨立戰爭前夕，他們的生意失敗了。

奧杜邦和大舅子又回歸買賣貨物的生意，地點一樣選在肯塔基州的亨德森。雖然生意有些進展，可是兩人再次做了不當的商業決策：他們選擇開設一座蒸汽鋸木廠和磨坊，可惜選中的設廠地點無法支持這麼大規模的作業。一八一九年，兩人宣告破產。

這麼些年來，奧杜邦的生活中有兩件事一直沒鬆懈：打獵和藝術，現在他必須靠這兩樣維持生計了。獵槍替小家庭（他和露西及兩個兒子）掙來食物，接受客戶委託畫人像則掙來銀錢。無心插柳柳成蔭，奧杜邦的嗜好變成他養家活口的支柱。

一八二〇年，奧杜邦有一個他稱之為「偉大的點子」，決定以先前的繪畫為基礎，創作一套廣泛且完整的美國鳥類作品集。這些圖畫顯示真實大小的鳥類，並以自然環境為背景。接下來的幾年，奧杜邦到處旅行，為他的作品集加入更多鳥類繪圖，至於妻子露西則去路易斯安那州當家庭教師。

到了一八二六年，奧杜邦已經彙集足夠的材料，便搭船前往英國利物浦，立刻大獲成功。他寫信回美國給妻子露西：「我所到之處都得到熱烈歡迎，我的作品備受讚譽，經過這麼多年深度焦慮的折磨，我可憐的心臟終於可以舒緩了，因為現在我知道過去的努力並非徒勞無功。」

奧杜邦和雕版師羅伯特·哈維爾（Robert Havell）合作，兩人攜手出版令人讚歎的《美國鳥類》（*Birds of America*），整個系列共有一百幅彩色圖版，規格是二十九吋乘三十九吋的大尺寸。奧杜邦描寫這番努力：「誰能相信，一個孤身抵達英國、沒有一個當地朋友、身上盤纏勉強夠用的觀光客，竟然能完成這樣的印刷作品？」

這本書出版後，終於讓奧杜邦的財務有了保障，他在整個歐洲和美國聲名大噪。過去從來沒有人創作過這樣的書，至今也沒有其他的圖版書受到如此推崇。奧杜邦和哈維爾共印製大約兩百本第一版《美國鳥類》，如今該書被視為經典傑作。一八二〇年代，第一版《美國鳥類》的售價是一千美元，如今已經價值約五百萬美元。

問題出在自己身上

奧杜邦的大半輩子都不順遂，直到三十五歲才找出他的問題在哪裡：那就是他自己。他是糟糕的生意人，根本不屬於買賣這一行，不論更換多少次經商的地點、合夥人或生意種類，沒有一次能成功。最後他領悟過來，改變他自己，才有了成功的機會。有一句話特別適合他：對於那個造成你大部分麻煩的罪魁禍首，如果能踹他一屁股，恐怕你自己就會有好幾週連坐都沒辦法坐了。

有一次有人問福音傳教士慕迪（D. L. Moody），什麼人帶給他的麻煩最多？他的回答是：「慕迪這傢伙帶給我的麻煩比別的人更多。」電視節目主持人傑克．帕爾（Jack Parr）也表達類似的想法：「回顧過往，我的人生就像一場冗長的障礙賽，而我自己就是主要障礙。」假如你一直不斷遭遇麻煩或面臨障礙，那麼你應該檢討一下，確認你不是問題根源。

人們不喜歡承認自己需要改變，假如自己願意去改，通常也只會把焦點放在表淺的改變。也許正因為如此，詩人愛默森才會說：「人總是做好過日子的準備，但是曾來沒有真正活在當下。」然而任何人想要活在更好的世界，就要願意改變自己。艾德勒芝加哥研究所（Alfred Adler Institute of Chicago）所長兼精神病學家魯道夫．德瑞克斯（Rudolf Dreikurs）說：「**只要改變我們自己，就能夠改變我們整個人生，也能改變周遭人們的態度**。」

為什麼人們遲遲不願改變？我相信有些人（譬如奧杜邦）基於某種原因，堅信他們應該遵循某一條特定的行動路線，即使那條路線根本不適合他們的天賦和才華。這些人在自己不擅長的領域工作時，表現會很糟糕；另一些人則完全不自覺，甚至不清楚自己的強項是什麼。誠如富蘭克林說：「有三樣東西極為頑強：鋼鐵、鑽石，以及認不清自己的腦袋。」認識自己已經夠困難了，還有些人竟然還扯自己後腿。

改變心意沒什麼不對

我讀過一篇關於十九世紀法國西洋棋比賽冠軍亞歷山大．德夏佩勒斯（Alexandre Deschapelles）的文章，他是很傑出的棋手，迅速成為自己那個地區的冠軍。然而隨著競爭越來

三、愉快地發現自己的強項

下一步是找出自己的強項。如果一直不去努力耕耘具有天賦的領域，誰也無法實現夢想。為了出人頭地，你要做自己擅長的事。

四、熱衷培養那些強項

就像奧杜邦一樣，唯有熱衷培養老天賜予的能力，你才能有所精進。假如今天你全心全意追求成長，明天就可能發揮你的潛力。記住，想要改變你的世界，首先必須改變你自己。

協助建立團隊的得力助手

我個人知道一則關於改變非常精彩的故事，當事人是我的組織（音久機構）裡和我極為親近的人。我在寫這本書的時候，思考著這一章該講誰的故事才好，我的助理琳達・艾格斯（Linda Eggers）建議，她的故事或許能幫助讀者了解，改變自我的影響可能會嘉惠自己的人生。

如果你聽過我的現場演講，就很可能聽我談起琳達的故事。我相信琳達是全美國最棒的行政助理，然而我並不是一直都那樣想的。幾年前我們經歷了相當動盪的時候，現在還能再一起共事，便強力證明琳達願意也有能力嚴肅地正視自己，事後又在生活中做了一些改變，才成為她自己渴望成為的人。

琳達從一九八〇年代中期開始替我工作，當時我在聖地牙哥的天際線教會（Skyline Church）擔任主任牧師，琳達在財務室上班，和財務長史提夫．巴比（Steve Babby）共事。大約就在那個時候，我在好友迪克．彼得森（Dick Peterson）協助下創辦音久機構，「員工」由好幾位志工組成，包括琳達和她的丈夫派翠克。我和琳達在教堂共事一段時間之後，便邀請她參加我在加州南部教授的一場新的會議，琳達在會議過程中深覺受到感召，於是想來音久和我一起工作，協助訓練牧師，使他們成為更好的領導人。會議結束後她來找我，跟我分享她的想法。後來音久的規模大到一定程度，我就把琳達帶進來工作。

在迪克（時任音久的營運長兼音久會議與資源〔INJOY Conferences and Resources〕子公司總裁）的領導下，琳達立刻成為公司重要成員。不論我們要求她做什麼，都有求必應，完成一切任務。琳達管理辦公室、招聘員工、執行會計任務，甚至協助產品開發。隨著公司的成長，她擔負的責任越來越大，到了一九九〇年代初期，已經變成迪克的得力助手。

因不滿而犯錯

然後有一天，琳達忽然辭職了。她提前兩個星期通知公司，之後就離開了，沒有任何解釋，就那樣拋下我們走了。迪克和我都很震驚。

幾個星期後，我發現琳達去替我的一位會計師朋友工作，擔任他的秘書。我感到驚訝，因為琳達一直都對我們從事的工作充滿熱情，我沒辦法想像只是打打字、輸入數字會讓她快樂。

接著更讓人吃驚的事發生了。我耳聞琳達對別人說我和音久的負面言論，她不是惡意，但評論內容相當不得體，那令我感到傷心，因為我一直都很喜歡她。

日子照舊過下去，迪克雇了人代替琳達，公司也繼續成長。大約過了八個月後，我接到一通電話，說琳達想要見我。約定好的那天琳達來到我的辦公室，她渾身顫抖，一邊說一邊哭。她為自己說的那些壞話道歉，然後告訴我為什麼會辭職，以及她變得如此刻薄的原因。

「我那時工作那麼辛苦、花的時間那麼長，整個人快被折磨死了。」琳達說：「我以為沒有人在乎，現在我知道了，當初應該去找您或迪克，訴說我的感受。可是我當時只關心績效，心裡面太過驕傲，不肯認輸。然後我開始陷入自憐。約翰，我真的很抱歉。」

琳達繼續說她去新工作只上一個月的班，就明白自己犯了大錯：她應該待在音久才對。

「你現在打算怎麼做？」我問。

「我不曉得。我不會繼續目前的工作，因為我也處理得很糟。我想我會再找一份工作吧。」她說。

「你有沒有想過回來音久工作？」我問。

「您認為能夠再信任我嗎？」她回答。

「我不知道……」我說。

那天稍晚迪克告訴我，琳達也去見了他，向他道歉，她還向目前的雇主道歉。

迪克和我討論之後，提供琳達回來工作的機會，不過不比從前的位子好。當時唯一的職缺是接電話和回覆信件的崗位，對琳達來說一定很難受，畢竟她曾是迪克手下的頭號主管，可是琳達接受了。接下來的三年，琳達非常努力工作，而且將交代給她的任何事情辦得無懈可擊，態度還很積極。經過一段時間，她開始協助迪克處理越來越多事務。

改變之後的影響

一九九五年我辭去天際線的牧師職務，全職投入音久機構，需要雇用一位新助理。琳達是我考慮的人選之一，我曉得她能力高強，唯一需要解決的問題是我能否無條件信任她。替我工作的行政主管必須能夠安排我的行程、處理關於我和我家人的敏感私人資訊，還要能代表我與所有人周旋。

我沒有花太久時間就克服了這點疑慮，我知道自己想要琳達當我的助理。從那天開始，我就沒有反悔或懷疑過她。事實上，假如琳達沒有勇敢的建議我拿她的故事當素材，我怎樣也不會想到和大家分享這個故事。

琳達再次替我工作之後，告訴我一件有趣的事：「從一九八六年在天際線工作之初，我就相信有一天會成為您的助理。想想看，我差點就搞砸了！我的轉捩點是有一天看著鏡子裡的自己，明白我的人生需要做一些改變。首先，從我的態度開始。如果不改變，我永遠不會得到這個機會，做這份我相信上帝要我做的工作。」

如今的琳達太了不起了，她的能力令我嘖嘖稱奇，我主持的每一場會議或我寫的每一本書，若是對任何人產生正面影響，琳達都占了一份功勞，誰也取代不了她。

現在你讀到這個故事，如果你剛好對目前的工作、家庭情況或生活不滿，首先該做的是檢討自己能做什麼改變，再設法改變環境。你要體會以下幾點：

- 不了解你想要什麼，問題出在**知識**。
- 不追求你想要的東西，問題出在**動機**。
- 達不成你想要的目標，問題出在**堅持**。

如果你知道自己是誰，為了學習和成長，就必須做些改變，然後為了夢想付出你所有的一切，如此便能獲得你內心渴望的任何目標。

第8步

改變你自己，你的世界就會改變

皮博思（Sam Peeples Jr.）說：「生活環境、生活裡發生的事件，以及生活中環繞在我身邊的人，不會塑造我這個人的模樣，但是會暴露我是什麼樣的人。」花一些時間檢討你的弱點和強項，以發掘你究竟是個什麼樣的人。

首先，將你明顯的弱點或缺陷列出來：

我的弱點

個人觀察：

我最親近的人的觀察：

其他人的觀察：

弱點需要改變。假如你列出來的項目中有屬於態度或性格的類別，那麼你需要徹底的改變，就像琳達做的那樣（或許需要道歉、賠償或改變生活方式）。如果你列出來的某項弱點是因為欠缺天賦或能力，那麼你可能需要調整你的優先順序、目標或職業。

接下來想一想你的強項。把你擁有的天賦、能力、機會、資源列出來：

我的強項

天賦：

能力：

機會：

資源：

擬定一項計畫，使你能夠好好利用這些強項，將潛力發揮到最大。記住：除非從內在改變，否則你無法改變外在。改變你自己，你的世界就會跟著改變。

09

放下自我中心——你不是唯一

不要陷入自負的心理，因為那很快就會變成牢籠。

——芭芭拉．沃德（Barbara Mary Ward，英國經濟學家）

渴望與逆境同行的人必須將注意力從自己身上轉移到幫助他人。你可以稱那個過程為放下自我中心。幾年前我看過一部很棒的電影，叫做《春風化雨一九九六》（*Mr. Holland's Opus*），內容將那整個過程詮釋得極為動人。

那部電影的劇作家帕特里克．鄧肯（Patrick Sheane Duncan）有一天在路上碰到塞車，動彈不得之際，恰好聽到收音機的新聞報導加州的學校計畫與教師人數遭到削減，一個念頭油然而生。「我忽然醒悟，老師在我的人生中太重要了，而我們大人最重要的任務就是教育孩子。」鄧肯說。

鄧肯記得有一位特別的老師對他的人生影響極大，「大家都說她是我們中學最小氣、最嚴格的老師。」他回憶道：「可是她幫我買課本，她自己兒子的衣服太小了會送給我。《春風化雨一九九六》是一項禮讚，獻給她和所有從事這項偉大專業的教師。」

走出另一段旅程

電影講的是葛蘭．霍蘭德（Glenn Holland）的故事，由演員李察．德瑞福斯（Richard Dreyfuss）飾演主角。劇中霍蘭德是年輕的音樂家，渴望有朝一日成為知名作曲家，可惜他手頭緊而且需要養家，只好不情不願地去當老師。沒想到原本以為的臨時工作，後來卻成為他的一生志業。隨著電影劇情的發展，霍蘭德發現自己想和學生分享他對音樂的熱愛，在那個過程中，他也發現了自己。

影片的轉捩點是霍蘭德先生的教職因為預算削減而遭到裁撤，這時他忽然明白自己已近中年。那一刻，霍蘭德明白已經永遠錯失離開家鄉去紐約發展的機會，過去二十年來他一直利用閒暇譜寫交響樂，打算帶去紐約。如今霍蘭德心灰意冷，覺得遭到否定，他相信自己的人生已經浪費掉了。

霍蘭德離開教室時滿心沮喪，幾乎生出怨憤。他垂頭喪氣，慢慢地穿過走廊，心想這是最後一次從學校走出去了。就在此刻，霍蘭德聽到禮堂傳來聲響，他走過去查看，發現好幾百個自己多年來教過的學生，他們都因為受到他的影響而改變了人生，其中甚至包括州長本人——在霍蘭德的教導下，他的人生起了重大的轉折，朝光明的方向前進。

平凡的人成就不凡的事

電影導演史蒂芬．哈瑞克（Stephen Herek）之所以受到《春風化雨一九九六》吸引，是因為劇本令他感動。他說：「我讀劇本讀到哭，我很少讀到令我真正眼淚狂流的作品，可是讀到（劇本）結局時，卻結結實實哭了一場。這是一個平凡人成為英雄的故事，只不過主角剛好是老師，我覺得教育實在太重要了……。這個故事也在表達一個人如何影響許多人，怎樣用非常特別的方式正面影響他人的生活。」

很多人相信只有特別有才華的菁英分子才能正面影響他人的生活，其實不然，任何普通人（就像電影裡的霍蘭德）都能對別人的生活產生積極的影響。

有些失意的人會告訴自己，等到哪一天他們成功了，或是找到未曾發現的才華，就會轉移注意力，設法積極影響別人的生活。不過我要對這些人說，許多苦於慢性失敗、掙扎不出來的人之所以面臨這種情況，正是因為他們心裡只有自己，沒有別人。他們擔心別人對他們的看法，見不得別人比他們好，焦點總是鎖定在保護自己的地盤上。

多年前我讀過一篇關於紐約洋基隊經理比利・馬汀（Billy Martin）的文章，文章中敘述的馬汀正是那樣的人。作者說曾經是棒球選手的馬汀到了後來花費很多精力去揣測假想敵，以及忙於拆穿想像中別人針對他設計的陰謀。我不曉得這種說法的真實性有多高，不過我知道一點：紐約洋基隊雇用馬汀擔任球隊經理後又解雇他，前前後後一共五次。

我父親很愛講笑話，越老套的他越喜歡。我記得有一次和他去聖地牙哥看國家美式足球聯盟的比賽，洛杉磯電光隊（Los Angeles Chargers）在賽前列隊時，父親靠過來跟我說：「約翰，你聽說過那個不再參加比賽的傢伙嗎？每次球隊聚集列隊時，他都覺得人家在被背後說他的壞話！」如果你一直不斷把所有的精力和注意力放在自己身上，我奉勸你一句：放下自我中心吧。

如果你有一再重複失敗的經歷，而且大部分精力只顧自己、不管旁人，那麼你可能需要學習新的思考方式——別人優先。假如你懷疑自己可能因為自私自利而無法達成目標、實現夢想，那你可能需要改變和改善追求成功的方式。

別聚焦在自己身上

首先，你需要優先想到別人，而不是先想你自己。負面思考和心理不健康的一個重要原因是只顧自己。那些只考慮自己、自私自利的人，最終傷害的不僅是周遭的人，連他們本身也會受害，這種人容易失敗的原因是自私使他們陷入負面的心理窠臼中。

正因為如此，有人問精神病學家卡爾．梅林格博士（Dr. Karl Menninger）：「如果有人感覺自己快要精神崩潰時，你會給他什麼建議？」大多數人預料他會答覆：「找精神科醫師諮商。」畢竟那是他的專業。沒想到梅林格的回答竟是：「鎖上房子，去比較貧苦的地區，找尋有困難的人，做一些能夠幫助他的事。」[1]

我的朋友凱文．邁爾斯（Kevin Myers）指出：「大多數人太沒有安全感，所以不肯付出任何東西。」我相信他說的對。大部分只關心自己的人總是感覺生活中缺少些什麼，所以會設法把那樣東西弄回來。舉例來說，當他們缺少以下這些需求時，往往會產生常見的副作用：

內在需求	**如果缺少，我會感到……**
歸屬感	不安全
價值	屈居人下
能力	不足
目標	渺小

梅林格暗示，培養付出的精神能幫助個人以積極、健康的方式，克服某些覺得欠缺的心理

感受。因此梅林格相信「慷慨的人絕少是精神病患者」。**當一個人試圖幫助別人時，就比較不會把心思都放在自己身上。**

別太嚴肅看待自己

我領導的研討會有很多與會者是領導人，我發現他們很多人太把自己當一回事了。當然，這些人並非特例，我認識各行各業的人之中，也有態度消極悲觀的，他們需要放鬆一點。不論工作的內容多嚴肅，看待自己時不必要太認真。

幾個星期前我去澳洲教授領導力課程，對象是一群人數高達數千的商務人士，我向他們提到，大多數人認為自己比實際情況更舉足輕重。我告訴所有人，我死的那一天，會有某位牧師好友在告別儀式上大力褒揚我這個人，講一些關於我的趣事，可是二十分鐘之後，他腦子裡最重要的事就會變成想辦法在追悼餐會上找到馬鈴薯沙拉。你需要對這些事情有幽默感，尤其是工作上必須與他人接觸的時候。丹麥喜劇大師維克多．波爾（Victor Borge）下了個結論：「兩人之間最短的距離是開懷大笑。」

假如任何人有理由極度看重工作和自己，那個人應該就是美國總統，但有人就算高居總統之位，還是可能保持幽默感，不至於自我膨脹。舉個例子，前美國總統卡爾文．柯立芝（Calvin

Coolidge）碰到有人問他會不會去費城世界博覽會，他回答：「會。」

一位記者追問：「您為什麼要去呢，總統先生？」

柯立芝回答：「我去當展覽品。」

比較近的例子是老布希總統。有人告訴他，某家公司打算販售一套給孩子玩的總統集換卡，他的反應是：「我不敢問要集滿幾百張布希卡才能換一張麥可．喬登卡？」

如果你往往太嚴肅看待自己，請饒了自己和身邊的每一個人吧。要知道，歡笑才能培養出韌性。

開始以團隊優先

如果你最近注意體壇動態，應該聽過很多人在談論職業體育選手的自私自利，針對職籃選手的批評尤其嚴厲，因為感覺太多球員有唯我獨尊的心態。批評者經常點出一九九六年奧運，男子籃球隊和女子籃球隊表現的差異。男子籃球隊菁英輩出，實力遠超過對手，然而球員有時候發現很難集全隊之力打球，反觀女子隊的表現之佳，為團隊合作做了最佳註解。

競爭激烈時，自私自利會害團隊幾乎毫無勝算，最終導致失敗。假如光是球技高超就能贏得冠軍，那麼一九九〇年代末的洛杉磯湖人隊早就拿ＮＢＡ冠軍了。所幸ＮＢＡ流傳的故事都不是關於自私和失敗的。一九九九年NBA奪冠的是聖安東尼奧馬刺隊，他們之所以獲勝，是因為該球隊十年來最佳球員明白放下自我中心的重要性。

大衛．羅賓森（David Robinson）身高七尺一吋，是馬刺隊核心人物，在NBA十年來，幾乎囊括球員能獲得的一切獎項：年度最佳新秀（一九九〇年）、籃板王（一九九一年）、年度最佳防守球員（一九九二年）、阻攻王（一九九二年）、得分王（一九九四年）、最有價值球員（一九九五年），並且八次入選NBA全明星隊。羅賓森的球員生涯一貫優異的表現，讓他在NBA的多項統計數據都名列前茅，包括場均得分，並列入NBA史上最偉大的五十名球員之一。

然而，儘管羅賓森的個人成就如此之高，但是卻從來沒有贏得NBA總冠軍，一直到一九九九年賽季。他究竟做了什麼？答案是他放棄自己進球得分，讓另一位球員提姆．鄧肯（Tim Duncan）當上英雄。

一九九九年的季後賽期間，隊友艾佛瑞．詹森（Avery Johnson）評論道：「羅賓森真是終極隊員、終極贏家，他拋棄自我，為了球隊的利益而成為截然不同的球員。如果不這樣做，他可能照樣平均得二十五分，但我們球隊會拿冠軍嗎？不會。」

一九九九年羅賓森的平均得分創下他職業生涯的最低紀錄，他自己的看法是：「我觀察我們球隊，明瞭我們更需要我加強防守籃板。為了團隊整體，我們不需要兩人得分。有些比賽我可能得分，但那是提姆的團隊，我樂觀其成。」

由於羅賓森無私，將團隊放在他自己前頭，這樣的能力造就團隊裡每個人都成功。假如你想要勝出，想要克服失敗，就必須放下自我中心。

開始持續為他人增加價值

當別人想到你這個人時，會自言自語說「我的生活因為他變更好」，或是「他害我的生活變糟了」？他們的反應很可能回答了你是否為對方增加價值的問題。

自從幾年前遷居亞特蘭大，我們交了一些新朋友，其中包括霍華德和朵芮絲（Howard and Doris Bowen）伉儷。不久前我和內人瑪格麗特去參加朵芮絲的生日派對，當天很多人出席的原因是朵芮絲對他們的生活帶來正面影響。我們坐在那裡，聆聽一個又一個來賓站起來陳述朵芮絲為他們的生活帶來什麼改變。

朵芮絲為人處世總是會比別人期望的多盡一份力。一九九八年十二月我心臟病發作後，有一段時間必須去醫院，整天待在裡面做檢查。朵芮絲放下手邊所有的事情，陪伴瑪格麗特待在醫院裡度過緊張的一天，哪怕我們才剛認識不久。朵芮絲總是對別人做這樣的事，是非常好的朋友。

派對上大家不約而同指出朵芮絲對他們影響深遠，接下來朵芮絲站起來說：「我這一生的願望，是讓人們感到認識我讓他們變得更好。謝謝你們令我覺得自己已經發揮好的影響。」

個人想要成功，就必須試著幫助他人。正因為如此，我的朋友吉格・金克拉（Zig Ziglar）才會說：「只要你幫助夠多人得到想要的東西，你的人生就能隨心所欲。」

該怎麼做？如何才能將注意力從自己身上轉移出去，開始為別人增添價值？你可以利用以下這些方法：

思考時優先考慮別人

當你和別人接觸時，第一個念頭是揣測對方心裡怎麼看待你，還是思考你能如何讓對方感覺更自在？上班時，你會嘗試使同事或員工看起來表現得體，還是更在乎自己一定要拿到功勞？你和家人互動時，心裡最優先考慮的是誰的利益？

針對上面這些問題，你的答案顯示你的心放在哪裡。若你想為別人增加利益，就需要開始有意識的把別人放在自己前頭，只要做得到這一點，你就能在行動時優先照顧他們。

找出別人需要什麼

如果不知道對方在乎什麼，怎麼可能為他們添加價值呢？傾聽別人的心聲，詢問對他們而言什麼是重要的，然後觀察他們。如果你能找出人們怎樣花時間和花錢，就會知道他們重視什麼。當你曉得人們的價值觀，就能為他們增添價值。

以卓越和慷慨回應需求

最後一個步驟需要扎實的行動。一旦明白對方重視什麼，就盡你所能以卓越技能和慷慨的心去回應他們的需求。提供你最好的奉獻，但不要設想可能獲得什麼回報。

柯立芝總統相信，「任何事業都不可能靠自己存在，它要滿足某種偉大的需求，實踐某些偉大的服務，不是為自己，而是為了他人。如果做不到，就會停止獲利，最終停止生存。」

影響有影響力的人

我在思考歷史上能關照他人需求、做出偉大貢獻的名人時，心裡最先浮現的人物之一是十八世紀英國循道運動（Methodist Movement）的發起人約翰．衛斯理（John Wesley）。衛斯理是宗教領導人，畢生無私無我侍奉上帝，可是我認為他的家族裡還有比他更無私的人，事實上，因為她的貢獻，衛斯理才能有後來的成就。

這個人就是衛斯理的母親蘇珊娜。一六六九年，蘇珊娜誕生在倫敦一個富裕的家庭中，排行第二十四，天性聰慧，很得父親塞繆爾．安斯利（Samuel Annesley）牧師的寵愛。儘管當時英國人通常不會讓女兒接受教育，但是蘇珊娜的父親給予她優良的教導。當許多知名人士群聚在安斯利的書房辯論時事和哲學時，做父親的也允許蘇珊娜進書房聆聽，蘇珊娜因此成為知識豐富、才智過人的女子。

蘇珊娜十九歲時嫁給山謬爾．衛斯理（Samuel Wesley），這位年輕的牧師後來被公認是當代最傑出的學者之一。他們成了家，不久有了第一個孩子，然後陸陸續續又生了很多子女，不幸的是他們對未來的期望遠超過能成功的可能性，在他們將近五十年的婚姻生活中，財務僅能勉強度日。

那個年代的中產階級女性並不出門工作，可是蘇珊娜卻身兼比全職上班更加繁重的工作。她無私地奉獻自己的一切照顧家庭，理家、理財（丈夫管錢的能力欠佳），還要管理規模不大的農事。

儘管丈夫因為無力償債而被關進林肯堡（Lincoln Castle）的債務人監獄達三個月，蘇珊娜還是咬牙撐了下來，同時繼續沒完沒了地生孩子——這種事在那個時代司空見慣。蘇珊娜在二十一年間生了十九個子女，其中十個存活下來。

儘管蘇珊娜為家庭做了大量的工作，但是她最重要的任務是教育孩子。蘇珊娜每一天（除了星期日）都花六個小時教導三子七女道德與知識，將此事當作她的人生目標。

在蘇珊娜六十幾歲的時候，兒子約翰邀請母親將教育子女的方法寫下來與眾人分享，她的答覆如下：

我很反對書寫任何關於我的教育方法的文字，我認為那不能使任何人理解，我這個已經退休多年的人過去是如何耗費自己的時間和心力養大孩子。塵世間沒有人能夠切實觀察我的方法。天底下只有極少數人（或許根本沒有人）願意將自己人生中最寶貴的二十幾年完完全全貢獻出來，以期拯救子女的靈魂，他們可能認為靈魂能輕易拯救，不必費那麼多勁兒，但用盡心力正是我的主要宗旨。[2]

蘇珊娜展現了極度無私的行為，在過程中放棄了很多東西——一如她說的人生中最寶貴的二十年。然而她花費這番心血得到的結果在子女身上明顯可見。兒子查爾斯是擁有影響力的牧師，被稱為史上最偉大的聖歌作家之一，另一個兒子約翰則被許多人視為當代影響英國最深遠的人，對基督新教的影響至今依然十分顯著。

你或許無法像蘇珊娜那樣付出所有時間給家人，重要的是盡你所能把時間給那些對你重要的人，而唯有學會放下自我中心，你才能夠做到這一點。你要更關心給予而非獲得，因為給予才真正是生活的最高層次。

第9步 放下自我中心並開始付出自己

如果出於一絲自私的心理，使你一直無法放下自我中心，把自己看得太重，請檢視你的態度，下定決心自己要在生活中優先滿足他人的需求。一開始你可以每天問自己如下問題，清晨或睡前都行：

- 我要將自己的生活投注在誰身上？
- 我要幫助哪個無法回報我的人？
- 我要協助哪個無法幫助自己的人？
- 我每天要鼓勵誰？

如果你每天行動時都能將他人的利益放在心裡，很快就能夠對上述問題提出扎實、肯定的答案。

第三部

擁抱逆境
如同擁抱朋友

10

從負面經驗擷取正面益處

失敗是一個人犯了錯卻無法從經驗中兌現。
——阿爾伯特．哈伯德（Elbert Hubbard，美國出版家、作家）

藝術工作者大衛．貝爾斯（David Bayles）和泰德．奧蘭德（Ted Orland）說過一個故事，講述一位藝術老師針對兩組學生做了評分制度的實驗，剛好可以拿來說明失敗有何好處。故事如下：

開學當天，教授陶瓷製作的老師宣布要把班上學生分成兩組，工作室左半邊的學生，老師只會根據他們製作的成品「重量」計算成績；右半邊的學生，則只根據他們作品的「品質」來打成績。這套程序很簡單：學期結束那一天，老師會帶體重計來測量重量組學生交出來的作品：瓶瓶罐罐總重量超過五十磅得A，四十磅得B，以此類推。至於品質組的學生只需要交一件瓶罐作品，不過只有完美的作品才能得A。好啦，打分數的時間到了，很有趣的現象發生了：品質最優的作品，全都出自以重量計分的那組學生。看來重量組忙著產出大量作品時，也從他們的錯誤中學習教訓，反觀品質組的學生坐在那裡苦思完美的理論，最後只拿得出浮華的理論和一堆報廢的黏土，以顯示自己曾經努力過。[1]

不論你的目標落在哪一個領域，藝術、商業、公職、體育或人際關係都無所謂，唯一能讓你邁步前進的方法是趁早失敗、常常失敗，然後與逆境同行。

逆境的七大益處

我每年都在無數會議上對數以千計的學員傳授領導力，最擔心的一件事是，有些人回家之後生活毫無改變。他們享受我這場「秀」，可是沒有實踐我呈現給他們的任何理念。我一再強調，我們對會議評價很高，卻低估了實踐的過程。每個夢想之所以能實現，都是因為全心全意投入過程。（這也正是我寫這本書、錄製相關影音的原因，藉此促使人們持續致力於成長的過程。）

人天生有惰性，因此自我改善才會那麼困難，但是話又說回來，正因為人人都有惰性，所以每一次成功的核心都少不了艱難險阻。成就的過程本就需要經歷反覆的失敗，以及為了攀登更高層級永不停歇的奮鬥。

大部分人會心不甘情不願的承認，為了成功必須經歷某些困境，也知曉必須通過偶爾的挫敗才能獲得進步。可是我相信空有那樣的想法還不夠，必須再進一步才可能成功。**為了完成夢想，你必須擁抱逆境，使失敗成為自己生活中司空見慣的一部分**。如果不失敗，很可能不會真正向前邁進。

心理學家喬伊絲・布爾斯博士（Dr. Joyce Brothers）主張：「想要成功的人必須學習把失敗看作登峰造極的過程中健康的、不能避免的一部分。」逆境每每造成失敗，當事人應該預期這兩者會在成功的過程中出現，也應該將其視為成功必不可少的關鍵部分。事實上，逆境的益處有許多，以下是你應該擁抱逆境並堅持不懈的理由：

一、逆境創造韌性

人生中沒有什麼比逆境和失敗更能培養人的韌性。一九八〇年代《時代》雜誌刊登過一項研究，描述一群人因為工廠倒閉失業三次，他們身上帶著讓人匪夷所思的韌性。心理學家本來預期對方會灰心喪志，沒想到他們卻樂觀得令人吃驚。逆境實際上為他們創造了優勢，因為他們已經失業又找到新工作至少兩次，所以比那些只在一家公司工作後就面臨失業的人，更有能力應付逆境。[2]

二、逆境使人成熟

只要不讓逆境把你變得滿腹怨恨，逆境其實能讓你變得更好。為什麼？因為逆境會增進人的智慧與成熟。美國劇作家威廉・薩羅揚（William Saroyan）就談過這個議題：「好人之所以好，是因為他們經由失敗獲得智慧。你知道，成功帶來的智慧極其稀少。」

隨著世界的變化越來越快，成熟與彈性變得越來越重要，而這些特質是從困難中歷練出來的。哈佛商學院教授約翰・科特（John Kotter）說：「我能想像二十年前一群資深主管在討論某個高階職務的應徵者時，會這樣說：『這傢伙三十二歲時狠狠失敗過一次。』然後其他的人都會說：『對，對，那是很壞的兆頭。』我也能想像今天同一批資深主管在考慮某個應徵者時會說：『這傢伙最讓我擔心的是他從來沒有失敗過。』」[3]我們此刻面對和克服的問題使我們的內心做好準備，以應付未來的艱難。

三、逆境挑戰了表現的極限

牧師勞德・奧格威（Lloyd Ogilvie）有一個朋友年輕時在馬戲團表演，他形容學習空中飛人技能的過程：

> 一旦你知道底下的網子會接住你，就不會再擔心失足跌下去。你其實就學會了怎樣成功跌

下去！意思是你可以專注去接住往你盪過來的鞦韆，而不必去管跌不跌落，因為過去反覆的跌落已經使你相信，萬一真的跌下去時，安全網堅固可靠接得住你……。失足跌落會被網子接住這件事，為空中飛人建立了神祕的信心，使他們大膽地在空中翻騰耍特技。這樣一來跌落的次數也跟著減少，每一次跌落都使他們能夠承擔更多風險。[4]

人們往往不願意牴觸約定俗成的傳統，不願突破組織績效的局限，也不願挑戰自己壓制生理極限，直到從經驗中學習到自己可以順利熬過逆境，才願意做這些改變。**失敗會促使個人重新思考現狀**。

四、逆境提供更好的機會

我相信剷除問題會限制人的潛力。我認識的成功企業家幾乎個個都有一肚子逆境與挫折帶來更多機會的故事，以紐澤西州紐華克（Newark）一個俄羅斯裔窮木匠的兒子伯尼．馬庫斯（Bernie Marcus）為例，他一九七八年被雇主開除，促成馬庫斯和亞瑟．布蘭克（Arthur Blank）攜手創業，一九七九年他們的第一家店在喬治亞州的亞特蘭大開幕，店名叫家得寶（The Home Depot）。如今這家公司擁有七百六十個分店，雇用十五萬七千多名員工，而且向海外拓展事業，每年全公司營業額超過三百億美元。

我很確定馬庫斯當年被解雇時一定很不開心。可是如果那時沒有被解雇，誰知道他後來會不會像今天一樣成功呢？

五、逆境促進創新

二十世紀初有個瑞典家庭移民到美國伊利諾州，這一家的小男孩寄了二十五分錢給出版社，他要買一本關於攝影的書。不料寄來的書卻是關於腹語術的，他怎麼辦？他順其自然，開始學習腹語術。這個男孩的名字是埃德加・伯根（Edgar Bergen），後來他帶著木頭魁儡查理・麥卡西（Charlie McCarthy），娛樂觀眾長達四十餘年。

創新能力是創意的核心，而創意正是成功的關鍵元素。休士頓大學教授傑克・梅琛（Jack Matson）體認到這項事實，於是開發了一套課程，後來他的學生稱之為「失敗一〇一」（Failure 101）。梅琛指派學生去製造沒有人想買的產品模型，目的是讓學生**把失敗和創新畫上等號，而不是認為失敗即挫折，這樣一來學生就會擺脫束縛，嘗試新的東西**。梅琛說：「他們學習重整旗鼓，做好準備再試一次。」

如果你想要成功，就必須學會調整自己做事情的方法，然後再次嘗試。逆境會幫助你陪養那種能力。

六、逆境重新發現意料之外的好處

一般人犯了錯都會自動認為是失敗了，可是有些關於成功的最佳故事，卻源自於錯誤後發現意料之外的好處。舉例來說，大部分人都熟知愛迪生和留聲機的故事，他是在嘗試發明完全不同的東西時發現留聲機的潛力；你知道家樂氏玉米片是怎麼發明的嗎，原來是不小心把煮熟的穀物留在烤盤裡一整個晚上；可以浮在水面上的象牙香皂（Ivory）是怎麼發明的？那是因為有一批肥皂待在攪拌機裡的時間過長，大量空氣被攪打進入肥皂中；廚房紙巾的由來是，台製造衛生紙的機器把太多層衛生紙疊在一起而意外發明的。

英國藝術史學家霍勒斯．沃波爾（Horace Walpole）說：「**在科學界，總是先發生錯誤然後才發現真理。**」德裔瑞士化學家克里斯提安．弗里德里希．尚班（Christian Friedrich Schönbein）就是個例子。

有一天尚班在廚房裡工作（儘管妻子嚴禁他這麼做），他用硫酸和硝酸做實驗，不慎將一些混合液傾倒在廚房的桌子上。尚班心想這下麻煩了（他知道妻子一旦發現，他就要體驗「逆境」了！）於是很快抓起一條棉製圍裙，把桌子擦乾淨，然後將圍裙掛在火爐邊晾乾。沒想到忽然就起了猛烈的爆炸，原來棉的纖維質發生所謂的硝化過程。尚班無意間發明了硝化纖維素（nitrocellulose），後來又被稱作無煙火藥或火藥棉。他開始銷售這項發明，賺了一大筆錢。

七、逆境激勵行動

多年前貝爾·布萊恩（Bear Bryant）在阿拉巴馬大學的美式足球校隊紅潮隊（Crimson Tide）擔任教練。某一場比賽紅潮隊領先六分，最後一節只剩下不到兩分鐘，布萊恩派四分衛上場，並且囑咐他安安穩穩把時間拖過去即可。

然而球員列隊時，這個四分衛向隊友們說：「教練要我們安全就好，可是大家都是這麼期待的，我們來給他們一個驚喜。」他的意思是要冒險傳球。

當四分衛後退幾步然後將球投出去傳球時，防守方擅長衝刺的角衛攔截到球，開始往底線區衝，眼看就能達陣得分。紅潮隊的四分衛並不是多麼厲害的跑者，但是此刻他迅速追上那名角衛，從後面將其撲倒，並在五碼線上擒抱住對方，化解危機。四分衛的這番努力挽救了紅潮隊的贏面。

球賽結束後，對方教練跑來找布萊恩：「人家說你們四分衛跑不快是什麼意思？他從後面把我們的飛毛腿撲倒了！」

布萊恩回答：「你的球員只為六分而跑，我的球員是為了他的命在跑。」

沒有什麼比逆境更能激勵行動。奧運女子跳水選手佩特·麥考米珂（Pat McCormick）就談論過這一點：「我認為失敗是最好的激勵力量。一九四八年的奧運資格賽中，我以很小的差距輸了，此後就知道自己究竟能表現得多好。由於在資格賽敗北，之後我把全部注意力集中在訓練和目標上。」一九五二年的赫爾辛基奧運，麥考米珂勇奪兩面金牌，四年後的墨爾本奧運會又贏了兩面金牌。

如果你在面對負面情況時往後退一步，就能發現它們的正面益處，幾乎屢試不爽，只要你願意注意觀察，同時不要把正在經歷的逆境看得太重。

假如你失業了，想一想你正在培養韌性。如果你嘗試某種大膽的行為而且存活了下來，請評估關於你自己你學到什麼，以及這件事未來將如何協助你對付新的挑戰。若是書店把你的訂單搞錯了，不妨思考這是不是學習新技能的好機會。萬一你的事業生涯突發災厄，想想看你會不會因此更成熟。

專欄作家比爾．馮恩（Bill Vaughan）也曾經說過：「在生命的競賽中，趁早失敗幾次是好事，因為這樣的經歷使你免於維持常勝戰績的壓力。」總要以夢想的規模來衡量障礙，一切取決於你的看法。

還能更糟嗎？

關於克服逆境、反敗為勝有一則非常令人讚歎的故事，那就是古希伯來人約瑟夫的故事，你可能相當熟悉。

約瑟夫誕生在中東一個富裕家庭，這家人的營生是畜養牲口。約瑟夫在家裡十二個兒子裡排行第十一，青少年時期和哥哥們都處不來，首先，他年紀幾乎最小，最得父親寵愛。其次，他常跟父親打小報告，說哥哥沒有好好照顧羊群。第三，他犯了個大錯，告訴哥哥們終有一天他將當家。有幾個哥哥想要殺了約瑟夫，但是大哥魯本阻止了，所以幾個哥哥趁魯本不在，把約瑟夫賣給別人當奴隸。

約瑟夫淪落到埃及，在一個叫波提法的侍衛長家裡工作。由於約瑟夫擁有領導與管理技能，很快就獲得拔擢，沒有多久就受命管理整棟房子。他把惡劣的情勢轉變得對自己十分有利，可是接下來的情況卻直轉而下，主人的妻子企圖說服約瑟夫和她歡愛，但遭到約瑟夫拒絕，於是指控約瑟夫占她便宜，唆使波提法把約瑟夫關進監獄。

那時候約瑟夫的處境真的很困難，他與家人分離，住在陌生的國度，身分是奴隸，現在又被關進牢裡。可是約瑟夫再次善用艱難的情境，不久之後典獄長就叫約瑟夫管轄所有囚犯，並打理監獄的日常活動。

約瑟夫認識了一名囚犯，他是法老王的宮廷侍臣，在皇家宴席上負責倒酒水。約瑟夫幫那名囚犯解夢，對方很感激，於是他開口索求回報。

「以後你混得好了，別忘了拉我一把，向法老說說情，我放出去吧。」約瑟夫提出要求：「因為我被迫離開希伯來人的土地，即使在這裡我也沒有做錯什麼，不應該被關進地牢。」[5]

約瑟夫希望過幾天那位侍臣回到宮廷後，能替他向法老王求個恩典。他期待法老王隨時會下令釋放他，可是約瑟夫等了又等，一直未能如願。兩年後那位侍臣才想起約瑟夫這個人，而且還是因為法老王想要找人解夢，才勾起他的回憶。

終將獲得回報

最後約瑟夫得以替法老王解夢，由於這個希伯來人展現極高的智慧，身為埃及統治者的法老王請他掌管整個王國。因為約瑟夫領導和規畫有方，並且建立了儲存糧食的制度，因此七年後中東發生飢荒時，本來可能餓死的千千萬萬老百姓得以存活下來，約瑟夫自己的家人也不例外。他的哥哥們前去埃及懇求救濟，那時已經是他們賣掉約瑟夫當奴隸二十年後了，他們赫然發現弟弟約瑟夫不但還活著，而且穩坐當時世界上最強王國埃及的第二把交椅。

很少有人被困於奴隸和監獄身分十三年，還能夠欣然迎接逆境。可是就我們所知，約瑟夫始終沒有放棄希望，沒有迷失方向，也沒有怨恨哥哥。父親死後約瑟夫告訴哥哥：「你們打算傷害我，但是上帝把它變成好事，成就現在的情況，拯救許多人的生命。」約瑟夫在負面經驗中找到正面利益，如果他做得到，我們也可以。

第10步

在每次的惡劣經驗中找到益處

在惡劣經驗中找到益處是一種能力，需要時間去開發，也需要努力去耕耘。首先你可以思考自己上一次經歷的重大挫折，然後列出因為那次挫折而發生（或可能發生）的一切益處。請在下面記錄：

重大挫折：

已經發生的益處：

1

2

3

可能發生的益處：

1

2

3

一旦你學會如何處理你過去經歷的事件，接下來就要學習在逆境中進行同樣的過程。未來的一週，當你經歷問題、挫折或失敗時，每天晚上花一點時間動動腦筋，找出這些情況可能帶來的所有好事。當你向前邁進時，嘗試保持積極的心態，這樣就能讓自己對於逆境將會帶來的益處，繼續保持開放的態度。

11
冒險──與逆境同行的唯一方法

有人因自卑而猶豫不決，也有人不怕犯錯而更上一層。
──亨利．林克（Henry C. Link，心理學家）

每個時代都有偉大的探險家，他們願意面對危險、開創新局面，終至發現新世界。美國人鍾愛這樣的人物，整部歷史不乏拓荒者和大膽探險家的名字：發現美洲新大陸的哥倫布、戰爭英雄克羅克特（Crockett）、遠征探險家路易斯與克拉克（Lewis and Clark）、橫越大西洋的飛行員林白（Lindberg）、首位登陸月球的太空人阿姆斯壯。這些人之所以能夠征服新領域，背後的動力來源是冒險。

先驅飛行員林白便強調過這一點：「誰願意活在沒有大膽作為的地方？我不相信愚蠢的機運，可是如果我們完全不冒任何風險，就不必奢談任何成就。」

風險是很有趣的事，它非常主觀。我的意思是，有人可能對於把彈力繩綁在腳上然後從高塔一躍而下，完全不當一回事，但是要他對著二十個聽眾講話，簡直危險得要命；對另一個人而言，演講根本不可怕，譬如我自己就很愛對群眾演講，聽眾最多的一次演講，人數竟然多達八萬兩千人。可是話又說回來，我絕對不會自願去高空彈跳。

你如何判斷某項活動值不值得冒險？是根據自己的恐懼與否來判斷嗎？不對，你本來就該做一些會讓你的害怕事。那麼應該根據成功的可能性高低嗎？不對，我覺得這也不是答案，**冒險不是依據它在你心中挑起多少恐懼或成功的可能性來評估，而是要依照目標的價值來判斷。**

開創許多第一的飛行員

容我告訴各位一則故事，主人翁為了達成自認極有價值的目標，奮力突破危險的極限。米莉（Millie）一八九七年生於堪薩斯州，成長過程中沒有明顯跡象顯示她將成為二十世紀偉大的冒險家。米莉生性愛問問題，腦筋聰明，學業成績非常突出，她喜歡讀書和背詩，也喜歡運動，特別是打籃球和網球。

第一次世界大戰時，米莉體認到在歐洲打仗的美國士兵飽受戰爭之苦，因此想要為他們盡一己之力。她決定攻讀護理，戰爭期間去加拿大擔任軍隊護理師助手。戰爭結束後，米莉進入紐約的哥倫比亞大學醫學預科（premed）就讀。一九二〇年完成第一年學業後，她去洛杉磯探親時第一次搭乘飛機，地點在加州長灘的多爾蒂機場（Daugherty Field），從此米莉迷上飛機。「我們一離開地面，我就曉得自己必須要飛行。」她說。[1] 米莉再也沒有回去醫學院。

那就是米莉新生活的開始。啊，我應該說明一下，「米莉」是家人對她的暱稱，她真正的姓名是愛蜜莉亞・艾爾哈特（Amelia Earhart）。她立即開始打零工，賺足飛行課程所需的一千美元學費，然後很快就跟隨另一位先驅飛行員艾妮塔・史努克（Anita Snook）學習飛行。

學習開飛機並不容易，至少對艾爾哈特來說不容易，她墜機的次數比別人都多，但還是堅持了下來。她向丈夫描述自己對飛行的看法：「我很清楚危險……我想飛行的原因是我想要這麼做。女人必須像男人一樣去嘗試，若是失敗，她們的失敗必須成為對他人的挑戰。」[2]

一九二一年，艾爾哈特完成第一次單獨飛行。第二年她創下自己第一項飛行紀錄，也就是飛行高度最高的紀錄，之後更陸續創下多項紀錄。她駕駛飛機的原因是熱愛飛行，不過還有一個目標，她想為其他人開創新的領域。艾爾哈特說：「我的野心是讓這個神奇的禮物產生實用的結果，有利於未來的商用飛行，也有利於可能想要駕駛明日飛機的女性。」[3]

艾爾哈特在飛行生涯中立下多項紀錄，也開創了很多史上第一的成就：

- 一九二八年：以乘客身分搭飛機橫渡大西洋的第一位女性。
- 一九二九年：女子飛行員協會 Ninety-nines 第一任會長。
- 一九三〇年：在三公里航道上創下一八一・八英里時速（約時速二九三公里）的紀錄。

• 一九三一年：駕駛自轉旋翼機（早期直升機）創下飛行高度一萬八千四百五十一英尺紀錄的第一人。

• 一九三二年：單獨駕駛飛機橫渡大西洋的第一位女子飛行員。

• 一九三五年：加州奧克蘭與夏威夷檀香山之間不落地單獨飛行第一人。

到了一九三五年，艾爾哈特已經是老練的世界級飛行員，也已有了許多成就，更加接近她為女性開一扇門以及促成商用飛行合法化的目標。她一定是相信所有偉大成功者的座右銘：「假如你一開始真的成功了，那就嘗試更困難的目標。」因為她就是在那個時候決定要展開自己最偉大的冒險行動。艾爾哈特打算駕駛飛機環繞世界，當時已經有一位男性做到了，可是艾爾哈特想要規畫自己的航程靠近赤道飛行，如此一來就會創造距離最長的飛行紀錄（不分性別），也就是兩萬九千英里長。

一九三五年三月艾爾哈特出發了，她飛完從奧克蘭到檀香山之間的第一段航程，可是在珍珠港附近的路克機場（Luke Field）起飛時，一只輪胎爆胎，飛機墜落，造成極嚴重的損害。艾爾哈特失敗了，但她不願放棄，雇船將飛機運回加州修理，準備下次的嘗試。

兩年後，也就是一九三七年六月，艾爾哈特再度展開她環繞世界的旅程，這次是朝東方飛行。她說：「我感覺我個人還剩下一次順利的飛行，我希望這次就是了。不論如何，這次結束後，我打算放棄長距離『特技』飛行。」[4]到了六月底，她和領航員弗雷德里克．努南（Frederick

Noonan）已經飛了兩萬兩千英里。七月二日他們從新幾內亞起飛時心中充滿希望，因為只剩下七千英里就能完成目標。可是他們就此失蹤，儘管美國海軍船艦努力搜尋，兩人和那架飛機始終下落不明。

值得冒險

假如有人能在艾爾哈特失蹤前的最後幾個小時和她說上話，我相信她一定不會對自己企圖完成的壯舉表達一絲絲後悔。艾爾哈特曾說：「女性偶爾也應該為自己做一些男性已經做過的事，有時候連男子未曾做過的事也不妨一做，如此一來她們才真正確立自己的人格，或許還能鼓勵其他女性在思想、行動上追求更獨立的地位。我之所以那麼渴切想做這些事情，原因之一就是這一類考量。」[5]

為了達成任何有價值的目標，你必須擔負風險。艾爾哈特相信這一點，她對於承擔風險的忠告簡單而直接：「**判斷目標是否值得冒相應的風險，如果值得，就別再擔心了**。」現實情況是生活中每一件事都有風險，如果你想避免所有風險，那麼下面這些事都不要做了：

別搭乘汽車——車禍占所有致命意外的百分之二十。

別搭飛機、火車或船——所有意外事故中有百分之十六來自這些活動。

導致人們對風險退縮的陷阱

如果風險的潛在報酬極高，為什麼大家不像擁抱朋友一樣擁抱風險呢？我相信是因為人們碰到風險時，會落入以下一或多個陷阱：

一、難堪陷阱

每個人的內心中都不願意被別人看到狼狽的一面，假如冒險後跌得鼻青臉腫，恐怕會讓自己難堪。但那又如何？克服它！進步的唯一辦法是向前走，哪怕步履蹣跚會害你跌倒，小小的進步總比毫無進步來得好。如果你踩著小步伐前進但摔跤了，沒有關係，無需美化醜態，放下那些小失敗吧。

二、藉口陷阱

受制於藉口陷阱的人做每件事都要回頭思量做得對不對，當他們準備要採取行動時，又會對自己說：「也許這件事真的沒那麼重要。」然而事實真相是，只要你等得夠久，沒有任何事是重要的。或者像「艾德的第五條拖延法則」（Ed's Fifth Rule of Procrastination）指出的：「等你花費足夠時間確認某項需求，那項需求就會自己消失了。」

新聞記者悉尼・哈里斯（Sydney J. Harris）說：「**為我們做過的事情感到後悔，時間久了便能撫平悔意；但若是為了當初沒有做某事而後悔，永遠都無法獲得安慰**。」如果你冒險但失敗，後悔程度肯定不及什麼也沒做就失敗了。

三、期望不切實際的陷阱

不知道為什麼，很多人認為生活裡每一件事都應該順順利利，等到發現必須努力才能有所成就便輕易放棄了。然而成功確實需要勤奮工作。

想一想這句拉丁諺語：「如果沒有風，就用槳划船吧。」當你準備冒險時，不要指望能夠順風順水，先要懷有必須用槳划船的心態，然後一旦獲得外力，就驚喜迎接吧。

四、公平陷阱

心理學家史考特・派克（M. Scott Peck）的著作《心靈地圖》（*The Road Less Traveled*）開篇第一句話就是「人生困難重重」，直指人生並不公平。很多人始終沒有學會這項事實，所以不肯繼續前行，反而耗費精力，企圖尋求公平。他們對自己說：「我不應該淪為做這種事的人。」

運動員迪克・巴特勒（Dick Butler）進一步闡釋這個觀念：「**生命並不公平，以後也不會公平。不要再哭哭啼啼和發牢騷，走出去為你自己創造公平**。」祈願自己不需承擔風險並不會讓生活變得容易一點，事實上反而會變得更困難。所以要如何面對風險，端靠你自己選擇用什麼態度去面對。

五、時機陷阱

著名幽默作家唐・馬奇斯（Don Marquis）拖延成性是出了名的，有個朋友曉得他的毛病，問他究竟如何完成當天的工作？馬奇斯說：「很簡單，我假裝那是昨天的工作就行了。」

有些人總覺得做每一件事都有完美的時機，既然現在不是時機，那就再等一等。不過暢銷小說家吉姆・斯托瓦爾（Jim Stovall）對此提出忠告：「不要枯等整條馬路的交通號誌都變綠燈了才出門。」**如果你一直等待完美的時機，那只會永遠等下去**，等越久越疲倦。哲學家兼心理學家威廉・詹姆斯（William James）睿智地評論：「沒有什麼比永遠掛在未完成的任務上更令人疲憊。」不要拿時機當作拖延的藉口。

六、靈感陷阱

有人曾經這麼說過：「**你不必很厲害就能行動，不過你必須先行動才會變厲害**。」許多人想要等到靈感來了，才願意放手去冒險，尤其是喜愛藝術的人。不過有人問劇作家王爾德（Oscar Wilde），職業作家和業餘作家之間有何差別？王爾德說差別在於業餘者只在想寫作的時候才動筆，而職業作家不管想不想寫都要寫出來。

美式足球員比爾．葛拉斯（Bill Glass）給了一個關於邁步向前的建議：「當你突然有個想法或靈感時，務必在二十四小時內針對它做點什麼事，否則你很可能就永遠不會採取行動了。」

你承擔足夠的風險嗎？

在你檢視自己的生活方式時，請思考有沒有承擔足夠的風險——不是沒有意義的風險，而是聰明的風險。即使你不掉進上述那六種陷阱，可能仍然過得太安逸了。該怎麼判斷是否承擔足夠風險？方法是檢視你犯的錯誤。財政專家弗萊查．白羅姆（Fletcher L. Byrom）說：

你務必要犯下次數合理的錯誤。我曉得這對某些人來說很自然，可是有太多高階主管太怕犯錯，所以用各種檢覈和制衡手段把組織搞得非常僵化，阻礙創新，到頭來演變成結構性問題，害他們錯失原本能讓公司一飛沖天的大好機會。所以你該仔細看看紀錄，假如一年到頭都不曾犯任何錯誤，那麼我必須說，你還沒有充分嘗試自己應該嘗試的每一件事。

如果你做的每件事都成功，表示你對自己的鞭策很可能不夠，所以才沒有承擔足夠風險。

另一種冒險——革新反遭抵制

也許你很難將自己和歷史上赫赫有名的冒險家如愛蜜莉亞・艾爾哈特聯想在一起，畢竟那些人物冒的危險和你的生活情境猶如天壤之別。假如是這樣，你需要認識這個人的生活，他默默承擔風險的故事可能比較類似普通人的情境。

他名叫約瑟夫・李斯特（Joseph Lister），一八二七年生於英格蘭，與父親兩人都是醫生。當年他開始行醫時，外科手術是痛苦且駭人的事。

在一八〇〇年代中期，不幸受傷而必須接受外科手術的人，大概會經歷這樣的處境：傷患被送進醫院手術室，這是獨立於醫院主體之外的建築，以防止普通病患受到尖叫聲驚嚇（那時候還未開發麻醉藥）。傷患被綁在桌子上，桌子看起來就像一般廚房裡的那種，桌子底下放著一盆沙子，用來承接流下來的血液。

手術操刀的可能是醫生，也可能是理髮師，手術桌四周圍繞一群觀察者和助手，所有人身上穿的全都是普通衣服，他們可能已經在城裡趴趴走一整天，然後才抵達手術室為患者開刀。醫生用的器械是直接從旁邊的抽屜拿出來使用，這些器具平常就擺在抽屜裡面，從上次手術之後（沒有清洗）就放在那裡。如果操刀人在替傷患開刀時需要空出雙手，可能會臨時用牙齒銜住手術刀。

當時的手術存活率略高於百分之五十，萬一不幸是在軍醫院動手術，那麼存活率會直接掉到百分之十左右。當時有一位醫生敘述在那個時代動手術的情況：「躺在外科醫院手術檯上的人，死亡的機率大於在滑鐵盧戰場上作戰的英國士兵。」[7]

李斯特和他那個時代的其他外科醫生一樣，因為病人死亡率居高不下而感到挫敗，他不知道究竟是什麼原因造成的，但決心要找到辦法以拯救病患。

在閱讀友人化學教授湯瑪斯・安德森（Thomas Anderson）給他的一些文章後，李斯特有了第一項重大突破。那些文章是法國科學家路易・巴斯德（Louis Pasteur）撰寫的，他在論文中表示他認為壞疽不是空氣造成，而是空氣裡的細菌和病原菌造成的。李斯特非常推崇這些觀念，他構思的理論是：假如可以消滅危險的微生物，那麼他的病人就有更好的機會可以避免壞疽、敗血症，以及經常害死病人的其他感染。

今天人人都已經知曉病菌和感染，所以李斯特的觀念聽起來可能稀鬆平常，然而在那個年代，他的信念簡直太激進了，即使醫界人士也難以接受。當時在愛丁堡一所醫院工作的李斯特向資深外科醫生闡釋自己的信念，卻遭到辱罵、嘲笑、抵制。每天李斯特去巡視病房時，同事都毫不留情的侮辱他、批評他。李斯特遭到眾人的排斥。

儘管同僚排斥他，儘管他天性溫和，可是在這件事情上李斯特拒絕認輸。他繼續努力解決問題，改在自己家裡做研究。有很長一段時間，李斯特和妻子在自家廚房裡搭建的實驗室工作，他相信關鍵在於找出一種能夠殺死細菌的物質。

最後李斯特選定石碳酸（carbolic acid）來消毒，這是卡萊爾市（Carlisle）用來清理汙水系統的物質。初步研究結束，他準備好測試自己的理論了。然而這又需要另一次冒險，比受同事抵制更大的風險——李斯特必須在一個活生生的病人身上實驗石碳酸，卻不知道這玩意兒會不會害死病患。

冒更大的風險，實現更大的價值

李斯特決定等一等，要先找到合適的人選再動手，他需要的實驗對象必須是面臨必死病勢的傷患。

一八六五年八月十二日李斯特找到了，那是一個被車子輾過的十一歲男孩，被送進醫院救治，由於一條腿受傷太重，斷骨已經刺破皮膚，入院時間離受傷已經超過八個鐘頭。這樣的傷患通常無法存活。

李斯特用石碳酸清潔傷處、開刀器械，以及會接觸到病人的任何東西，此外還用浸泡過石碳酸的繃帶替病人包紮。

接下來就是等待了，一天、兩天、三天、四天過去，令他欣喜的是四天過後病人既沒有發燒，也沒有出現敗血症的跡象。六週之後，男孩又能走路了。

李斯特頂著外界嚴厲的批評，繼續在他所有的手術中採用石碳酸。一八六五到一八六六年間，他治療了十一例開放性骨折，但沒有一個病人被感染。李斯特一邊繼續進行新的手術，一邊研究改進方法，尋找其他效果更好的消毒物質。

一八六七年，李斯特出版他的發現成果，然而醫學界的態度依然是冷嘲熱諷。李斯特用了十幾年的時間宣揚自己的發現，同時鼓勵其他醫生也採用他的作法。李斯特成功治療第一個案例十六年後，也就是一八八一年，在倫敦舉辦的國際醫學大會上，醫生同行們終於承認李斯特的進展，稱他的努力成果或許是外科手術有史以來最偉大的進步。[8] 一八八三年李斯特受封爵士，一八九七年獲頒男爵勳位。今天世人接受任何手術時，都應當感念李斯特醫生的貢獻，他的冒險保障了我們的安全。

李斯特冒的風險看起來沒有艾爾哈特的冒險那麼耀眼，可是那並不重要，他的所作所為替自己帶來極大的個人成就，也為世人帶來恆久的利益。李斯特不滿足只當成功的醫生，還想要翻轉現狀，嘗試風險更高的志業，這才是重要的事。因為想要實現自己重視的價值，你才會冒險，那只是與逆境同行的另一個過程。

第11步

假如你一開始真的成功了，那就嘗試更困難的事

願意承擔更大的風險是獲得成功的重要關鍵，你可能會驚訝，承擔更大風險能夠解決兩種截然不同的問題。

首先，如果你已經完成你替自己設下的所有目標，那麼你就需要提高承擔風險的意願。通往下一階層的道路一定是上坡路，所以你不能往下滑。

反之，假如你發現自己卡在某個位置上，沒辦法達成你替自己訂下的多項目標，這時候答案依然是提高承擔風險的意願。（諷刺的是，在冒險的領域上，兩個相反端點竟然匯集到同一點。）

想一想你眼前的下一個大目標，寫下你打算如何實現那個目標的計畫，然後從頭到尾檢視該計畫，看看是否容納了足夠的風險。如果沒有，不妨在計畫過程中尋找一些可以突破的部分，多承擔一些風險，藉此增加你成功的機會。

12

讓失敗成為最好的朋友

痛了才會學到教訓。
——富蘭克林（Benjamin Franklin，美國開國元勛）

讓失敗成為最好的朋友。你可能覺得這個觀念很奇怪，但事實真相是失敗非敵即友——由你自己選擇。假如每次失敗你就如喪考妣，那麼失敗就一直是你的敵人。反之，如果你決心從自己的失敗中學習教訓，就會從中獲得真正的利益，這樣一來失敗就會成為你的朋友。如果你反覆利用失敗做為成功的跳板，失敗就可以成為你最好的朋友。且讓我說明這是什麼意思。

非比尋常的山巔經驗

假設有一場意外讓你失去鼻子、半截右臂和左手掌全部的手指，你對這場意外感覺如何？我猜你不會有正面的感受。而這正是貝克．威瑟斯（Beck Weathers）醫生的遭遇，他把這些損失看作自己人生的決定性事件，這件事改變了他的一切。

他在接受CBS電視台晚間新聞的訪談時說：「我希望重新擁有雙手嗎？當然希望。我希望再次擁有雙手好當回從前的自己嗎？不希望。」

什麼樣的事件讓一個人願意接納如此嚴重的殘疾？答案在聖母峰上。一九九六年聖母峰上的一場暴風雪奪走了十二條人命，威瑟斯也在現場。

攀登聖母峰那年威瑟斯四十九歲，已經擁有十年登山經驗，當時他的體力已經因為登山消耗殆盡。他坦承：

> 我後悔因為登山而少有時間陪伴家人，常常離開妻子和兩個孩子。那樣的行動其實很自私……我明白我是藉由登山凸顯自我，卻沒有顧及生活中其餘的部分。那是過度崇高的目標，而且永遠沒有止境。攀頂後大概只快樂一天，然後又要開始計畫下一趟旅程。[1]

威瑟斯總是花費很多時間準備下一趟旅程，在聖母峰之前，他已經攀登過全世界七座頂峰中的六座，每一次登頂前都必須接受非常艱苦的訓練。

為了攀登聖母峰，威瑟斯加入由紐西蘭人羅伯·霍爾（Rob Hall）帶領的探險隊。在隊伍抵達高地營（兩萬六千英尺高）時，雖然登山條件不佳（天氣酷寒、氧氣濃度只達海平面的三分之一），但是威瑟斯的狀況很好。然而五月十日攀登頂峰時，威瑟斯明白自己有麻煩了。他在幾年前動過放射狀角膜切開手術矯正視力，此時攀登山峰，海拔高度使他的眼球晶體變得扁平，威瑟斯因此眼盲。

那一刻，對威瑟斯來說最明智的決定似乎是留在原地等候，等其他隊員登頂後返回再重新歸隊。沒想到威瑟斯沒能登頂的失望很快就被噩夢似的惡劣天候壓過，一場詭異的暴風雪迅速封住整座山，氣溫掉到零下五十度，風速增強到時速七十英哩。風暴使得每個人慌亂求生，威瑟斯就這樣被留在山上，幾個鐘頭之後，他因為體溫過低而陷入昏迷。

同隊的登山隊友搜尋他的下落好幾個小時，終於在五月十一日早晨發現威瑟斯，他全身被冰覆蓋，已經幾乎沒有氣息了。這些隊友認為威瑟斯必死無疑，便將他留在原地，然後返回營地，用無線電通知威瑟斯太太他的死訊。

從來沒有人能從失溫昏迷中甦醒並存活下來，威瑟斯是唯一的例外。不知道什麼原因讓他醒過來，他站起身來找到路，搖搖晃晃回到營地。他的外套前襟是打開的，臉部因為凍傷而發黑，五官無法辨認，暴露於外的右臂慘白，在他身前凍成了冰塊。[2]

哪怕威瑟斯奇蹟式地返回營地，也沒有人認為他會活下來。可是威瑟斯度過重重難關，他回到達拉斯（Dallas）的家中接受醫療照護，歷經十次手術，左手掌的手指全部切除，右臂截肢至手肘部位，並從身體其他部位取下組織重建新的鼻子。

在這整個過程中，威瑟斯歷經艱困的學習，他相信雖然自己失去雙手，卻換來更有價值的東西——關於他個人、他的價值觀和生命的課題。他承認：

經歷過我遭遇的一切之後，現在的我可能是更快樂的人。我對事情的輕重緩急有了截然不同的看法，一個人需要真正遭遇考驗，才會認清自己是誰、擁有什麼本質。**你從失敗得到的課題，遠超過成功能教給你的。**[3]

威瑟斯的態度反應的不僅是悲劇劫後餘生的感恩，還展現了一種受教的能力，容許他為更好的人生而改變。透過將艱困情勢轉變成自己最好的朋友，威瑟斯得以與逆境同行。

關鍵在受教心態

幸運的是，你不必被留在世界最高的山脈上等死，也能成為受教的人，學習如何把失敗當成最好的朋友。你可以在安全無虞的家裡做這件事，需要的只是正確的心態。

你對失敗的態度決定你在失敗之後的高度。有些人永遠不了解這一點，譬如《印第安納波利斯新聞報》（*Indianapolis News*）的創辦人兼編輯約翰．郝利德（John H. Holiday）有一天怒氣沖沖走出辦公室，要找那個把 height 誤拼為 hight 的人。後來有個員工檢查了原稿，解釋弄錯的人正是郝利德。沒想到編輯竟然這樣回答：「好吧，假如我是那樣拼的，那就是對的。」接下來的三十年，這份報紙就按照郝利德的拼法一直錯下去。誠如樂手路易·阿姆斯壯（Louis Armstrong）挖苦的：「有些人明明不懂，你就算告訴他們，他們也聽不進去。」

受教能力是一種態度，是「不論我知道多少（或以為知道多少），我都能夠從這個情境中學習教訓」的心態。那種想法可以幫助你轉敗為勝，即使是在最艱難的環境中，你也能因此變成贏家。美國記者悉尼·哈里斯總結受教心態的要素：「贏家都明白，哪怕別人認為他是專家，他很清楚自己還有很多該學習的。反觀輸家在還沒學到自己所知依然不足之前，就想要別人把他當成專家。」

商業書作家吉姆·札布羅斯基（Jim Zabloski）寫道：

> 與眾人信念相反，我認為失敗是經商不可或缺的要素。如果你一天裡沒有失敗至少五次，很可能是做得不夠多。你做得越多，就會失敗越多，而失敗越多，就會學習越多，學習多了，你就會變得更好。這裡的關鍵詞是「**學習**」，如果相同的錯誤你接二連三的犯，那就是沒有從錯誤中學習。你必須從自己的錯誤和前人的錯誤中學習教訓。[4]

從錯誤中學習的能力不僅在商業界有價值，在生活中的所有層面都很寶貴。如果你把學習當作生活的要旨，那就真正學會生活了。

如何從失敗和錯誤中學習

記者兼作家威廉．波利索（William Bolitho）這樣區別明智的人和愚笨的人：「生活中最重要的事不是利用已經獲得的東西，任何傻瓜都做得到這一點。真正重要的是從損失中獲利，這就需要有腦筋才做得到。明智的人和愚笨的人差別就在這裡。」

只要維持受教的態度，並利用策略從失敗中學習，人人都能將失敗變為朋友。如果你想要將損失轉化成利益，以後每次面對逆境時就問問自己下面這些問題：

一、是什麼造成失敗：形勢、別人，還是你自己？

除非找出哪裡出錯，否則你無法搞清楚自己能做什麼，所以要從這裡開始。如果你像我在第三章建議的那樣，不再把失敗看成個人的問題，那就比較容易找到答案了。

事情是在哪裡出錯？你是否處在必輸的局面？問題是別人造成的嗎？你有沒有犯錯？威瑟斯在攀登聖母峰遇劫之後，仔細檢討那次經驗，判定是自己的錯誤造成失敗。威瑟斯解釋：「當你攀爬到那麼高時，就會得高海拔癡呆症。」

學習過程的第一步永遠是嘗試辨認問題的成因。

二、發生的狀況真的是失敗嗎？抑或只是達不到要求？

你要判定發生的狀況是否真的是失敗，你以為的錯誤也許只是試圖滿足不切實際的期望。不管是你給自己的期望或別人對你的期望，如果一個目標不切實際而你無法達成，那不算失敗。

為了讓你更明白這個觀點，我來說一個雷根總統卸任之前講的故事，是關於小說《三劍客》的作者大仲馬。

話說這位小說家和一個朋友狠狠吵了一架，其中一人向對方提出決鬥。由於兩人的槍法都很精湛，萬一真的開槍互射，恐怕都會命喪槍下。於是他們決定抽籤，抓到短籤的人就朝自己開槍。結果大仲馬抽到短籤。

他嘆了一口氣，拿起手槍走進圖書室，關上門，把一票憂心忡忡的朋友留在外面。過了幾分鐘，圖書室內傳來手槍擊發的巨響，朋友們立刻衝進去查看，沒想到大仲馬站在那裡，手裡的槍口還在冒煙。

「剛剛發生奇蹟，」大仲馬說：「我竟然沒打中。」

當你檢視自己的問題時，不妨試試大仲馬的方法：別讓不切實際的期望殺死你。

三、失敗中蘊含著什麼成功？

有句老話說：「不琢磨不成珠玉，不試煉不成完人。」不論你經歷過哪一種失敗，其中總是潛藏著成功的珠玉，有時候可能很難找到，但只要你願意尋找，還是能夠發現的。

我的牧師朋友沃倫．威爾斯比（Warren Wiersbe）說：「現實主義者是赴湯蹈火後獲得淨化的理想主義者，懷疑論者是赴湯蹈火後被火燙傷的理想主義者。」不要讓逆境之火把你變成懷疑論者，而要讓它淨化你。

四、我能從既成事實學到什麼？

我很喜歡看查爾斯．舒茲（Charles Schulz）的漫畫《花生米》（*Peanuts*，譯注：即知名的史努比漫畫），有一集內容是查理．布朗在沙灘上砌好一棟美麗的沙堡，當他往後走幾步欣賞自己的成果時，忽然來了一個大浪毀了沙堡。查理．布朗盯著上一刻的精心傑作轉眼化作一坨沙堆，他說：「這中間一定存在某個課題，只是我不曉得是什麼。」

這正是許多人對逆境的反應，他們被突然發生的事件弄糊塗了，慌亂之下錯過整個學習經驗。然而你永遠能從失敗和錯誤中學習，詩人拜倫講得對：「逆境是通往真理的第一條路徑。」

傳奇名廚沃夫甘．帕克（Wolfgang Puck）說：「我從全部的成功餐廳加起來學到的課題，還比不過一家失敗的餐廳給我的教訓。」帕克對成功了解很深，因為他在加州擁有五家備受好評的餐廳（Spago、Chinois on Main、Postrio、Eureka Brewery、Granita），也在芝加哥、拉斯維加斯、東京等地開餐廳。

從錯誤中學習教訓這件事很難歸納出通則，因為所有的情境都不相同。不過如果你在過程中保持受教的態度，嘗試從每一方面學習可能採取什麼不同的作法，你自己就會有長進。**當一個人持有正確的心態，每一項障礙都會讓他進一步認識自我**。

五、我感恩這次的經驗嗎？

保持受教心態的一個辦法是培養感恩的態度，即使面對最令人失望的情況，仍然可能心存感恩。舉例來說，美國短跑運動員艾迪．哈特（Eddie Hart）參加一九七二年慕尼黑奧運一百公尺短跑競賽，但是他錯過一場預賽，因此喪失贏得個人金牌的機會。然而哈特對於這次經驗的看法卻是正面的，他說：「你不可能永遠獲得自己追求的每一樣東西，這可能是我從錯過那場比賽得到最重要的教訓。生活中總有不如意的時候：加不了薪、找不到想要的工作，你必須學會與自己的挫敗共處。體育活動很有價值，因為它和輸贏密不可分，**在你真正成為好贏家之前，必須知道怎樣輸**。」

哈特很感恩自己參加團體接力賽跑得到獎牌，也很感謝因為這場比賽而學習到與挫敗共處。當你失敗之後逐漸平復下來，也該試著培養類似的感恩心態。

六、我怎樣才能把挫敗轉化為成功？

心理學作家威廉．馬斯頓（William Marston）寫道：「**如果說有哪個單一因素能造就生活中的成功，那就是從挫敗中得到紅利的能力**。我知道的每一項成功之所以達成，都是因為當事人能夠分析挫敗，然後在下一次嘗試時，真正從中獲益。」

判定某個情境下哪裡出了錯，確實是有價值的作法，不過在分析之外更進一步，想出如何利用錯誤來幫助自己獲益，則是與逆境同行的人真正與眾不同之處。有時利益來自學會某一要點，未來可助你避免犯下類似錯誤，另一些時候則是來自犯錯中偶然的發現，例如愛迪生的留聲機，或是尚班的無煙火藥。如果你願意嘗試，往往能夠從任何災難中挖掘出有價值的東西。

七、這方面誰能幫我？

人們說**學習有兩種：從自己的錯誤中學到經驗，以及從別人的錯誤中學到智慧**。我建議你盡可能從別人的錯誤中學習。

有了睿智的顧問協助，你從自己錯誤中學習教訓，永遠是比較容易做到的。我自己在犯下大錯之後，都會向很多人尋求忠告：我父親、牧師作家傑克．海福德（Jack Hayford）和艾莫爾．湯恩斯（Elmer Towns）、我的妻子瑪格麗特（她總是願意與我分享她對於我犯下錯誤的觀點）。

向恰當的人尋求忠告很重要。我聽過這麼一個故事：一個甫獲任命的公務員走進新辦公室，第一次在辦公桌前坐下來，他發現前輩留給他三個信封還有一張紙條，指示他只有在碰到難題時才能打開信封。

不久，這個人被新聞界修理，於是決定打開第一個信封，裡面的字條寫著：「責怪你的前輩。」於是他就這麼做了。

此後情況平順了一陣子，但是幾個月後這個人又有麻煩了，所以他打開第二個信封，裡面的字條寫著：「重整組織。」於是他又依計行事。

此舉給了他更多時間，可是因為他始終沒有真正解決造成問題的任何癥結，所以很快又陷入麻煩，而且這次的麻煩比之前的更嚴重。他在絕望中打開最後一個信封。

裡面的紙條寫著：「準備三個信封。」

你該尋求忠告，但務必要確認這個人已經成功化解他自己的失敗了。

八、我要往哪裡去？

一旦你徹底思考過所有層面，接下來必須弄明白下一步該怎麼做。《教練》（*Everyone's A Coach*）一書的作者登恩．許樂（Don Shula）和肯．布蘭佳（Ken Blanchard）指出：「**學習的定義是改變行為，假如你不採取行動、不利用所學，那就什麼也沒學到。**」

攀登我自己的山

當你能夠從任何壞的經驗中學習，因而將之轉變成好的經驗，你的人生就起了重大的轉折。多年來我一直教人這段關於改變的話，我認為它提供頗為有用的見解：

人們改變是為了——

受傷夠重所以不得不改變，

接受夠多所以能夠改變。

一九九八年十二月十八日，我學到上面這段話全新層次的真理。那天我參加公司的耶誕派對時感到胸口劇痛，全身癱軟，原來是嚴重的心臟病發作。順帶一提，別人得心臟病時我們不覺得嚴重，可是自己得心臟病時，我們就覺得天要塌下來了！不過老實說，那天晚上我以為自己要死了。後來醫生告訴我，如果我是在四年前發病，肯定難逃一死，直到最近心臟科醫生才擁有那種救了我一命的技術。

心臟病是痛苦而驚人的經歷，可是我覺得在過程中上帝對我極為仁慈。好幾位傑出的醫生環繞在我身邊，我不但活了下來，而且免去心臟的任何永久損傷。我還從中學習良多，比如：

- 對你生活中很重要的人，不論講多少次你愛他們，都是不夠的。
- 我相信我在世界上的工作還未完成，上帝寬貸我，給我更多時間好讓我能完成。
- 為了自己的健康、生活品質，以及渴望在未來發揮的影響，我都必須改變生活習慣。

我的心臟科醫生馬歇爾醫師（Dr. Marshall）告訴我，早期心臟病發作的倖存者，如果能從中學到教訓，將會比從未發作過心臟病的人活得更久、更健康。我決心從這次經驗中學習教訓，所以開始改變飲食。我每天都運動，努力過著比較平衡的生活。作家馬克・吐溫說的對：「保持健康的唯一方法，就是吃你不想吃的東西，喝你不喜歡的飲料，做你不情願做的事。」

我必須承認有時候很掙扎，可是到現在仍然奮力堅持。我在寫這本書時，離心臟病發作已經一年多了，迄今並未打破飲食和運動戒律，未來也不會，我做的改變是永久的。企業家吉姆・羅恩（Jim Rohn）說的這句話我銘記於心：「**別讓你的學習變成知識，而要讓學習化為行動**。」我相信目前採取的行動將能使我歡喜陪伴妻子、兒女和未來的孫兒孫女，也能讓我繼續進行已經致力數十年的使命。

你不需要罹患心臟病，也不需要在聖母峰遇到暴風雪，就能把失敗轉化成最好的朋友。你只需要保持一顆受教的心，而且在每次失敗時都熱衷學習就行了。

第12步 從壞經驗學習，將之變成好經驗

利用本章提出的問題大綱，分析你最近的某次失敗：

一、是什麼造成失敗：形勢、別人，還是你自己？

二、發生的狀況真的是失敗嗎？抑或只是達不到要求？

三、失敗中蘊含什麼成功？

四、我能從既成事實學到什麼？

五、我感恩這次的經驗嗎？

六、我怎樣才能把挫敗轉化為成功？

七、這方面誰能幫我？

八、我要往哪裡去？

花點時間寫下你的結論、你從這項分析中學到什麼、你應該採取什麼行動才能將失敗轉化為成功。找一位能幫助你判定這些結論是否正確的顧問，和他分享你的觀察。

第四部

增加你成功的機率

13 避免失敗的十大原因

求主耶穌拯救我，救我免於成為從不犯錯的人，
也救我免於犯兩次相同的錯誤。
——威廉．梅約醫師（Dr. William Mayo）

我不太在乎運氣這回事，我認為做事順利與否往往基於人的行動，相信只要憑藉努力、自律、堅持，並將個人成長當作每天的優先要務，大多數人都能創造自己的幸運。除此之外，擁有上天的大愛賜福，你也不須多想運氣的事。

儘管如此，幾年前讀到《洛杉磯時報》（*Los Angeles Times*）上的一篇文章，幾乎令我改變對運氣的想法。文章是這麼寫的：

紐約訊——勞倫斯．韓拉迪（Lawrence Hanratty）遭到車禍重傷，又被歹徒搶劫，本週五被公認是全紐約最倒楣的人。

一九八四年韓拉迪在一場建築工地意外中差點被電死，昏迷不醒好幾個星期。

清醒後他聘請律師替他打官司，為意外落下的殘疾後遺症求償，沒想到一個律師被吊銷執照，兩個律師死亡，連妻子都跟她的律師跑了。

韓拉迪已經和心臟病、肝病纏鬥好幾年。去年一場車禍讓他的車子全毀，來現場處理事故的警察離去之後，他竟遭到歹徒劫持和搶劫。

《紐約每日新聞報》在頭版刊登他的遭遇，標題是「你覺得自己不走運？瞧瞧倒楣的勞倫斯吧。」韓拉迪對記者形容十多年來的痛苦：「我對自己說：『我還要經歷多少考驗，才會知道自己還能忍受多少？』」

住在紐約州芒特弗農市（Mount Vernon）的韓拉迪今年三十八歲，他說彷彿自己還沒受夠艱辛似的，現在保險公司想要斷絕他的勞工薪酬福利金，而房東也揚言要把他趕出公寓。

韓拉迪感到抑鬱，又罹患了恐慌症，需要使用罐裝氧氣緩解，每天還要吃四十二顆藥丸控制心臟病和肝病。好在鄰居很幫忙，還有一位紐約州議會的議員伸出援手，所以他還不打算放棄人生。

他說：「總還有希望存在。」[1]

讀了這篇故事，會讓你想要找到這個可憐人，看看能否幫幫他，對不對？

我認為韓拉迪的經歷並不是大部分人會碰到的，一般人不會遭遇連續不斷的失敗和逆境，為什麼？因為大多數時候我們面對的麻煩是源於自己的負面行動，所以要怪也只能怪自己。

人們阻礙自己的十種方式

講到認識自我這件事，很多人都有盲點，有時候是不知道自己的強項，但更多時候是看不見自己的弱點，於是就產生麻煩了。如果你不知道自己有問題，就別提設法解決問題了。

接下來我要介紹我觀察到的十大失敗因素，在閱讀時請打開心胸，嘗試在以下的敘述中看清自己和自己的弱點。注意你的生活中一再出現的問題，也許你會在閱讀當中發現自己的阿基里斯腱（Achilles' Heel）——古希臘神話裡的阿基利斯是戰士，全身刀槍不入，唯一的弱點是腳跟上非常小的一塊地方，而那一處缺陷最後導致他徹底毀滅。缺陷就是這麼回事，所以千萬不要小看一個弱點可能造成的損害程度。

一、差勁的人際關係技巧

我在別人身上看到的成功障礙，第一名遠遠超過其他的失敗因素，那就是很不懂人。前一陣子《華爾街日報》刊登一篇文章，探討高階主管失敗的原因，第一名就是無法有效與他人拉近關係。

兩天前我和一些人聊天，對方抱怨沒有拿到投標的商業合約，其中一個人告訴我：「真不公平，那些參與者彼此都認識，我們根本沒機會。一切都是政治問題。」可是他接著敘述的內容並不是政治，而是人際關係。

職涯發展專家卡羅爾·海特（Carole Hyatt）與琳達·嘉特莉柏（Linda Gottlieb）指出，工作不如意的人往往把失敗歸咎於「辦公室政治」，其實他們所謂的政治，經常只是人與人之間的正常互動。海特和嘉特莉柏主張：

> 大部分職務都牽涉到其他的人，你可能擁有很棒的學術智商，卻依然欠缺社交智商——也就是當好聽眾、感受他人情緒、恰當給人批評和接受批評的能力。如果人們不喜歡你，可能會落井下石害你失敗……反過來說，如果你社交智商很高，即使犯了嚴重的錯誤也可能逃過懲罰……假如上司認為你犯錯之後能用成熟負責的方式處理，搞不好反而因禍得福，讓你的事業更上一層樓。[2]

你擅長與他人共事嗎？你和人相處時是真心真意還是裝腔作勢？你會仔細聆聽別人說話嗎，抑或多半時候都是你說話、別人聽？你期待別人都要順從你的願望、行程、提案嗎？或是你會設法使用別人喜歡的方式洽談？

假如你還沒有學會如何和別人相處，就會不斷奮戰以求成功。不過如果你能把人際關係技巧變成強項，那將會勝過你培養的其他技能。人們喜歡和自己喜歡的人做生意，或者套句老羅斯福總統的話：**「成功方程式中最重要的一個元素就是懂得如何與人相處。」**

二、消極的態度

我看過一幅漫畫描繪某人找算命師判讀掌紋，對方研究這個人的手掌後說：「你在三十歲以前將會悲傷、愁苦、貧窮。」

「天哪！」那個人滿懷希望地問：「那我三十歲之後會怎樣？」

算命師回答：「那時候你就會習慣了。」

你對生活環境的反應攸關你的福祉和成功。企業家克萊門特．史東（W. Clement Stone）講過一個故事，內容是年輕的新娘和丈夫在第二次世界大戰期間遷往加州的沙漠。

由於新娘在美國東部長大，沙漠對她來說既遙遠又荒涼。他們住的地方也沒有讓生活更容易，唯一找得到的房子是鄰近原住民村落的小木屋，而那些原住民都不會講英語。新娘很多時間都獨自一人，天天等待酷熱消散。

後來她的丈夫出遠門很長一段時間，她寫信給母親說想要回娘家。幾天後她收到母親的回信：「監獄裡兩人看向鐵窗外，一人看見土塵，一人看見星辰。」

這段話幫助年輕女子有了較清楚的視野：她可能無法改善環境，卻可以改善自己。於是她開始和原住民鄰居交朋友，和他們一起紡織和製陶，花時間去探索沙漠，發現沙漠的自然美。忽然間她生活在一個新世界中——唯一的變化是她改變了態度。

如果你的環境不斷令你感到消沉、沮喪，可能就是該做改變的時候了——不是改變環境，而是改變你的態度。假如你能學會善用任何形勢，就能夠除去阻撓你實現夢想的巨大障礙。

三、不適合

雖然我們不喜歡當下環境時，首先應該檢視自己的態度，但有時候改變形勢也是合適的選擇。若是能力、興趣、性格、價值觀與環境不符合，可能正是慢性失敗的主要因素。

電影導演大衛・布朗（David Brown）的生活就是很好的例子。布朗初出社會時去了美國的企業界工作，但先後在三個不同的工作崗位上遭到開除，這才明白辦公室生活不適合他。後來他在好萊塢發展，慢慢爬升到二十世紀福斯公司（Twentieth Century Fox）的第二把手，卻因為推薦拍攝的一部影片成了票房毒藥而遭到解雇。然後他成為出版社 New American Library 的副總編輯，因為和同事發生衝突，再度被解雇。之後二十世紀福斯公司重新聘用布朗，六年後他再次被炒魷魚，同時被開除的還有該公司的總裁理查・札努克（Richard Zanuck）。

布朗檢討自己的工作行為，判定他有話直說、喜歡冒險的方式不適合曾經待過的工作崗位。

他的創業家精神太突出，無法在束縛性強的期待下工作。儘管做不成公司高階主管，但布朗和前任上司札努克卻是好搭檔，兩人並肩追求自己的理念時異常成功。布朗和札努克製作了許多膾炙人口的電影，包括票房驚人的《大白鯊》（*Jaws*）。

生活中有一件事很令人挫折，那就是陷在不合適自己的職業或組織裡，就好比一直穿著大兩號或小兩號的鞋子。你是不是被會計工作耽誤的業務員？是不是寧願回家帶小孩的公司高階主管？是不是更情願在教堂當牧師的工程師？你是不是看不下去組織把緩緩退步當作進步的企業家？評估你自己和你的環境，假如兩者不能匹配，那就想一想改變的事吧。

四、注意力不集中

一個人的注意力不集中時，壞事就會發生。且讓我用一則故事來說明吧：有一天一個商人去小鎮上的花店訂花，好送給朋友慶祝新開幕的事業。花店老闆那天特別忙，一邊記下商人的資料，一邊替其他客人包裝花卉。

那天稍晚，商人抵達朋友新事業的開幕典禮時瞧見一個大花圈，下面有他的名字和卡片：「在此哀傷的時刻，致上我最深刻的慰問。」

商人大為光火，立刻打電話去花店責問：「怎麼搞的？你知道你害我看起來有多蠢嗎？」「我很抱歉，你來的時候我有一點手忙腳亂。」花店老闆說：「不過你的情況比殯儀館那邊好多了，那邊收到的卡片寫著：『為您的新地點致上最美好的祝福。』」

任何人碰到手忙腳亂的情境都可能犯下無心的錯誤，可是注意力不集中的人不是因為太忙，而是因為分不出輕重緩急才陷入麻煩，結果是浪費時間和資源。如果你從一件事到另一件事再到另一件事都沒有任何進展，或是不管付出多少心血都無法達成目標，那麼就該檢視你的注意力。注意力不集中，誰都無法向前進。

五、薄弱的承諾

有很長一段時間，冷漠似乎蔚為風潮，不過現在努力和承諾似乎又流行回來了。這是好事，因為不肯承諾就不可能達成任何有價值的目標。德國文豪歌德談論承諾的重要：「除非承諾了，否則還是會猶豫、退縮，而且絕對效率不彰。一個人從承諾的那一刻起，決心會激發一連串事件，產生各種未曾預見但對他有利的情況，作夢也不敢想的物質援助會自動向他靠攏。」

你上一次失敗時，有沒有因為遭到失敗就不肯再嘗試了？會不會是因為你不再嘗試了才會失敗？你承諾的力度有多強？你有傾盡全力去做那件事嗎？你有沒有多盡一份額外的力量？你有沒有冒足夠的風險以確保自己竭心盡力？

假如你承諾了，那麼失敗一次不代表你永遠不會成功，只意謂你會花更久時間才成功。承諾讓你能夠與逆境同行，直到達成目標為止。

六、不願意改變

對於成就、個人成長和成功而言，也許最兇殘的敵人就是沒有彈性。有些人似乎太過眷戀過去，以致無法應付當下。

不久前我的朋友寄給我「處理死馬的十大策略」，我覺得這份清單實在太好笑了：

1 買一根更堅固的馬鞭。
2 換個騎師。
3 任命委員會研究那匹馬。
4 任命小組拯救那匹馬。
5 發布備忘錄宣稱馬兒不是真的死了。
6 雇用昂貴的顧問尋找「真正的問題」。
7 把好幾匹馬套在一起，增加速度和效率。
8 重新撰寫「活馬」的標準定義。
9 宣布那匹馬死了會更好、更快、更便宜。
10 將死馬晉升為主管。

我打賭你在自己工作的地方一定見過上述的每一種「解決辦法」，可是要處理那個問題只有一個有效的辦法：如果你的馬死了，拜託你，下馬吧！

有一則《凱文的幻虎世界》（*Calvin and Hobbes*）漫畫描繪出太多人對改變的看法。凱文和他的填充玩具老虎朋友坐在男孩的玩具馬車上，高速衝下山坡。凱文向後面的幻虎大吼：「我喜歡改變。」

幻虎吃驚地說：「你？今天早上你媽媽只是在你的吐司上少抹了一點果醬，你就鬧得不可開交。」

凱文面對幻虎解釋說：「我喜歡使別人改變。」

你不必為了成功而熱愛改變，可是你需要願意接受改變。改變是個人成長的催化劑，使你跨越常規，提供嶄新的開始，並且讓你有機會重新評估方向。假如你抗拒改變，其實就是抗拒成功。學習彈性，否則就學習樂於與逆境共存吧。

七、走捷徑的心態

人們追求成功的時候有一個常見障礙，那就是想要抄捷徑。長遠來看，捷徑肯定得不償失，就像拿破崙說的：「勝利屬於堅持最久的人。」

大部分人會低估完成有價值的目標需要的時間，然而為了成功你必須願意付出代價。詹姆士．瓦特（James Watt）花二十年的時間才打造出完美的蒸汽引擎；威廉．哈維（William Harvey）歷經八年晝夜不停的努力，才證明血液如何在人體內循環，之後又過了二十五年，醫學界才承認他是對的。

走捷徑確實是一個人沒有耐心、欠缺自律的徵兆，不過如果你願意全力堅持下去，就能突破。所以成功學專家亞伯特．葛雷（Albert Gray）才說：「**成功者的共通點是培養一種做事習慣，他們做的都是失敗者不喜歡做的事**。」

假如你一再屈從自己的情緒或衝動，就需要改變做事的方法。最好的辦法是為自己設定標準，而且是需要**問責**的標準，未能堅持下去就必須承擔後果，會幫助你待在正軌上。一旦設定新的標準，就要按照標準去做事，不要因為自己的情緒問題而隨興妥協，這樣做才會讓你依循正確的方向前進。

自律是透過練習贏來的品德，心理學家約瑟夫．曼庫西（Joseph Mancusi）指出：「真正成功的人已經學會去做並非自然稟賦的事。真正的成功在於經歷恐懼或逆境之後，無所畏懼地採取行動。」

八、純粹仰仗天賦

天賦受到過度吹捧。這麼說的原因不是因為天賦沒有價值，而是因為光有天賦並不足以讓一個人度過人生的多次失敗。在天賦之外，若是增添旺盛的工作幹勁，那就像是火上添油，會爆發出烈焰！

雖然有些自戀者誤信天賦足以讓他們功成名就，但是偉大的藝術家懂得不能光靠天賦。藝術工作者大衛．貝爾斯和泰德．奧蘭德解釋道：

> 天賦最了不起就是水準維持不變，但是純粹只仰仗天賦，而沒有進一步發展，顛峰狀態很快就會消褪以致黯淡無光。許多天才的例子凸顯這項真理，報紙最愛刊登五歲音樂神童開獨奏會那類新聞，然而你很少讀到某個神童終於變成莫札特的故事。這裡的重點是，**不論莫札特最初的天賦有多高，他也是學習努力精進作品的藝術家，因此不斷獲得改善**。從那方面來看，莫札特和我們普通人並沒有兩樣。[3]

天賦越高的人越容易倚仗天分，忽略了應當日復一日努力改善既有的才華。如果你也有這種負面傾向，請替自己擬定一套成長計畫，才能竭盡所能發揮上天賜予的才華。

九、資訊缺誤的反應

成功的高階主管有一種共通的能力，那就是根據有限的資訊做出重要的決定。不過他們還有一種共通能力，就是在評估議題時蒐集可靠資訊的能力。麥克阿瑟將軍很明白這一點，他主張：「面對一份情報，只能指望百分之五的內容是正確的，優秀指揮官的祕訣是如何將那百分之五分離出來。」

隨著商業生活的步調越來越快速，蒐集和評估資訊的難度也跟著增加。事實上，比爾．蓋茲所著的暢銷書《數位神經系統－與思想等快的明日世界》（*Business @ the Speed of Thought*）就是專門針對這個議題而寫的。

當決策的基礎是有缺誤的資訊時，問題顯而易見。有個例子可以說明：當年福斯和ＢＭＷ兩家汽車製造商都想從維克斯公司（Vickers PLC）手中買下勞斯萊斯汽車公司（Rolls-Royce Motor Cars），雙方廝殺激烈，最後福斯勝出，支付七億八千萬美元買到這家形象奢華的汽車公司。然而收購拍板定案之後，買方才震驚的發現，他們雖然買到這家公司，卻無權使用勞斯萊斯這個名字，而這個名字是舉世周知的奢侈汽車代名詞。原來勞斯萊斯品牌名稱的使用權屬於另一家公司，也就是經營航空太空領域的勞斯萊斯公司（Rolls-Royce PLC），更糟的是，勞斯萊斯公司和ＢＭＷ集團本來就有關係。猜猜看後來是哪一家公司獲得授權，使用勞斯萊斯這個名字？答案當然是ＢＭＷ而非福斯汽車。這一切都是因為資訊蒐集失誤造成的。

十、沒有目標

最後一個失敗的主因是缺乏目標。幽默作家唐．馬奇斯認為，「我們這個世界裡的人不知道自己想要什麼，竟然願意歷盡萬難去找答案。」

喬伊・葛里菲斯（Joe L. Griffith）相信：「目標只是有時間限制的夢想罷了。」很多人沒有目標，是因為他們還沒有容許自己作夢，結果就是沒有欲望。如果你也是這樣，那就必須深刻檢視你自己，嘗試弄明白自己為何生存在這顆星球上。一旦發現答案，你就會曉得該朝哪個目標奮鬥了。（我會在下一章進一步闡釋。）

假如你能發現自己弱點的來源，那就要開始想辦法解決，結果可能改變你的人生。我在渴望成功的人身上，一而再、再而三看見這種情況發生。我接下來要說其中一個故事。

改變弱點，改變人生

我在音久機構最倚仗的人之一是我的好友丹・雷蘭德（Dan Reiland），我們已經一起工作十多年了。我在天際線教會服務時，丹擔任我的執行牧師十餘年，是我的得力助手，少了他的助力，我當時不可能成功。後來我辭去教會牧師一職，改到音久全職上班，丹也跟我一起過去。如今丹是音久負責領導開發與教會成長的副總裁。

丹天生就是很有目標的人，他的組織力很強，有了目標之後就會卯足全力奮鬥。我剛認識他時，如果他的公事包掉在地上彈開來，裡面的文件散落時也會按照字母順序排列整齊。不過丹和很多人一樣，他的強項也是他的弱點，這麼說吧，因為他這個人凡事皆目的導向，所以在人際關係上比較不足。

丹一開始是實習生的身分。我記得他到職後不久，有一天我站在辦公室大廳和一群人講話，丹從停車場走進來，手裡拎著仔細整理過的公事包。他逕直錯身走過我們這一群人，一字不吭，直接穿過大廳走進他的辦公室。我向那群人示意後走開，跟在丹的後面走。丹將公事包放在辦公桌上，轉過身來時驚訝的發現我站在那裡。

「丹，」我說：「你在做什麼？你直接走過我們旁邊，連一聲招呼都不打。」

「呃，我有很多工作要做。」他回答，然後抽出一整疊文件。

我凝視他的眼睛說：「丹，你剛剛錯身走過了你的工作。」我想要他明白，身為領導人，最優先關心的應該是人。

接下來的一年，丹和我一起工作，我指點他人際關係的領域。丹工作特別努力，全心全意投入自我改進，每一年都比前一年更好。你如果遇到如今的丹，會以為他天生就擅長與人共事，因為他與人交往的能力很強。現在的丹是全國最傑出的神職領袖之一，如果我手邊有棘手的任務，需要人際關係技巧特別出色的人去執行，你知道我會選誰嗎？是丹，因為他願意成長和改變，才可能有今天的表現。丹知道自己的弱點，然後設法將它轉變成強項。

如果你致力克服失敗，達成持久的成功，那麼你需要像丹一樣願意改變。針對使你脆弱的弱點改善，誰也無法預料你能獲得多麼大的進展。

第13步 改進使你變弱的弱點

人人都有弱點，檢視人們失敗的十大原因，判斷你是否需要針對其中某一項做改善。（或許你的問題不在這十項之中。）

你可以找一位可靠的朋友談談，做為改進自己的第一步。請對方協助評估你的弱項，然後你要為自己擬定一份成長計畫，將弱點轉變成強項。這份計畫可能包括讀書、上課或參加研討會、尋找一位導師。下定決心實踐你的計畫，然後堅持一整年。

一年的時間結束時，回頭去找當初那位協助你評估自我的朋友，請他評量你的進展。如果你仍舊需要改進，那就展開第二階段的成長計畫，必要的話就一直進行下去。

14
成功與失敗之間的小差別造成大關係

除非不再嘗試，否則不算失敗。除非內心認輸，否則不算挫敗。
除非我們自己意志薄弱，否則沒有真正克服不了的障礙。
——肯．哈伯德（Ken Hubbard，暢銷書作者）

大部分不成功的人都相信自己和成功者之間存在巨大的鴻溝，他們內心深處懷疑自己永遠也無法跨越那條鴻溝，也就不可能抵達彼岸、實現夢想。

然而我要告訴你一個小祕密，成功和失敗之間的差別並不大，而那個小小的差別卻關係重大。是什麼導致成功與失敗之間的差異？讓我和你分享一個故事，你看完就能猜出是什麼因素造成差異了。

一場苦戰開打

我想美國人都聽過梅西百貨（Macy's），多半歸功於這家百貨公司出名的感恩節遊行，還有電影《34街的奇蹟》（*Miracle on 34th Street*）。不過很少人知道在一八五八年創辦這家百貨公司的人，他的名字是R. H. 梅西（R. H. Macy）。

梅西的父親是船長，當時捕鯨是一門大生意，梅西就是在麻薩諸塞州南部的南塔克特島（Nantucker）誕生的。十五歲那年他在捕鯨船上找到第一份工作，在船上待了四年，見了世面，最遠到過紐西蘭。梅西帶著跑船賺的錢（五百美元）回到美國，此後再也沒有出過海。他打過好幾份零工，然後去一家印刷行當學徒，可是只待了六個月，因為他的野心遠不是印刷業就能滿足的。

那個時候梅西決定要進零售業碰碰運氣。他拿跑船時期省下來的錢，去波士頓開了一家小小的針線行。梅西的希望遠大，工作很有幹勁，可惜這份事業不到一年就宣告失敗。

第二年梅西再次嘗試。他的第二家店做的是織品成衣和雜貨生意，貨源主要是從拍賣會買來的歐洲製品。這次他依然辛勤工作，但也還是失敗了。次年他決定和連襟山繆．霍登（Samuel S. Houghton）合作，後來霍登在波士頓創辦霍登達頓（Houghton and Dutton）百貨公司。梅西在與霍登共事的期間學習良多，不過一年之後他決定需要改變。

梅西和哥哥查爾斯聽說加州有人淘金發了財，於是決定往西部去，試試看挖礦的運氣。雖然兄弟倆沒有因為淘金發財，卻立刻體認到賣東西給那裡的礦工是賺錢良機。他們找了兩個合夥人，一起在加州首府沙加緬度（Sacramento）北邊的馬利斯維爾鎮（Marysville）創辦了梅西公司（Macy and Company）。本來生意很不錯，可是黃金被淘光之後，礦工都離開那個區域。

於是他們把公司賣給競爭對手，自己返回東部。

梅西的下一次創業是在麻薩諸塞州的黑弗里爾（Haverhill）開織品成衣和雜貨店，這個城鎮位在波士頓北邊。

梅西每一次創業都會學到一些教訓，他開始琢磨出一套獨特的買賣哲學。在這家最新開的店裡，梅西引進的創新手法後來成為他的正字標記：以定價銷售產品（反觀其他商店仍然盛行討價還價）、買賣只以現金交易、猛打廣告。梅西甚至自己寫文案和設計每一份廣告的版面，充分利用他過去在印刷行打工的經驗。

遺憾的是這家店依然沒能成功，再次關門大吉。不過梅西沒有因此灰心，第二年又開了另一家店，他賣的產品是城裡價格最低的。可惜雖然創新十足、精心打廣告、工作勤奮，梅西的生意仍舊做不起來，在這個相當小的鎮上熬了三年之後，梅西賣掉這份事業，宣告破產。

著手改變

此時梅西決定放棄零售業，他去當了一陣子證券經紀人，然後又去做不動產經紀人。為了追求機會，他遷居威斯康辛州，不料那一年發生金融危機，毀了他鴻圖大展的希望。

儘管時局困難，他仍有不錯的成績，能夠賺些錢。由於想在威斯康辛發大財的希望落空，一個朋友說服梅西再給零售業一次機會，於是他又回到東部。

梅西一共嘗試過五種職業：捕鯨、零售、淘金、證券經紀、不動產經紀，這次是他第七次企圖在零售業闖出成績。想來梅西一定感到很疲憊，而這時他才三十五歲。

梅西決定去曼哈頓碰運氣，結果真的成功了。即使在那個時候，紐約已經成為美國最大城市，人口高達九十五萬，比黑弗里爾地區多一百倍，而且紐約還在繼續成長。一八五八年，梅西開了一家時髦的織品成衣雜貨店，短短十二個月後，這家店一年的營收已經達到八萬美元。到了一八七〇年代，該店平均每年營業額超過一百萬美元。

隨著事業的成長，梅西也在零售業發起革命，無數創舉都歸功於他：

- 發明現代百貨公司的概念
- 定價銷售成為業內常規，不再討價還價
- 為了提供較低價格給消費者，採取大量買進和賣出的策略
- 引入現代零售業廣告
- 任命零售業史上第一位女性高階主管

一八七七年，梅西去歐洲採購途中去世，可是他的事業留了下來，而且不斷為零售業帶來創新。如今這家公司擁有一百九十一家分店，服務廣大顧客，這些店之所以存在，是因為有一個人始終拒絕放棄。

堅持不懈的四個要點

你肯定猜到，梅西之所以能在一次又一次的失敗之後繼續撐下去，憑藉的是他堅持不懈的品格。

任何值得努力的目標都不可能輕易達成。在逆境中前進、實現夢想的唯一方法是培養韌性與堅持，而這些品格可以透過學習養成。如果你不喜歡做某件事，但既然承諾了要完成，那麼培養堅持不懈的習慣，最終很可能會成功。

不過如果想要開始培養這些品格，你需要策略，這就是我現在要提供給你的，堅持達成目標的四要點計畫，它會在你面對逆境時幫助你迸發毅力與韌性。

一、使命：找一個出來

促使一個人在逆境中持續前進的最重要動力，是擁有使命感，它是啟動堅持的燃料。企管顧問保羅．史托茲（Paul Stoltz）針對個人在挫折中為何堅持不懈，做過一項廣泛的研究，他發現堅忍不拔的最重要元素是：

辨別你要攀登的那座山，也就是你人生的目標，這樣你才會認定自己的努力是有意義的。

我每天都會碰到根本爬錯山的人，有些人耗費二十年以上的人生，去做對他們而言並非重要使命的事情。有一天他們會忽然回頭看，不禁自問：「我都做了什麼呀？」[1]

如果你天生就是受使命驅動的人，那麼很可能已經有了與生俱來的指引方向，會協助克服逆境。萬一你不是那樣的人，恐怕就需要一些幫助。你可以利用下面這些助力，幫助自己發展出某種企圖心。

- 接近擁有宏大企圖心的人。
- 發展對現狀不滿的心態。
- 尋找一個令你激動的目標。
- 全心全力投入那個目標。
- 想像自己達成目標之後享受回報的情景。

如果你遵循這項策略，哪怕無法立刻找到自己的終極目標，至少會開始往那個方向前進。這一點很重要，就像美國總統林肯說的：「永遠記住你為成功下的決心比別的事都重要。」決心就是從使命感來的。

二、藉口：全部消滅掉

農業科學家喬治・華盛頓・卡弗（George Washington Carver）指出：「百分之九十九的失敗來自習慣找藉口的人。」徒有企圖心無法讓你熬過失敗，你必須忘掉找藉口，像梅西那樣堅持往前走。

最近我讀到丹恩・羅德斯（Dean Rhodes）的故事，這個人錯過一個又一個機會，可是他沒有為自己的缺點找藉口，也沒有怨嘆自己的際遇，只是一逕勇往直前，這就是我要表達的意思。戴夫・湯瑪斯（Dave Thomas）是溫蒂漢堡的創辦人，在他開第一家店之前很久，羅德斯就已經認識對方，也知道湯瑪斯這個小夥子「總有一天會一鳴驚人」。然而當湯瑪斯邀他投資溫蒂漢堡時，羅德斯沒有把握機會。

後來羅德斯認識俗稱肯德基爺爺的桑德斯上校（Colonel Sanders），又有機會在這家餐廳變得全國家喻戶曉之前就買進公司股票，可是羅德斯還是拒絕了，因為他無法苟同桑德斯的一些理念。

羅德斯經營餐廳設備的買賣，經常有餐飲設備業務員來他的辦公室兜售機器，其中一個名叫雷・克洛克（Ray Kroc）。羅德斯承認克洛克很討人喜歡，不過他選擇不投資對方經營的一個賣漢堡的小攤位，因此錯過了投資麥當勞。

過了幾年後，羅德斯在郵輪上認識了太平洋西北公司（Pacific Northwest）的一位律師，對方建議羅德斯投資他兒子新開的電腦公司，公司的名字很奇怪，叫做微軟。羅德斯又拒絕了。

大部分人只要錯過一次這種千載難逢的大好機會，必定會捶胸頓足、悔恨交加，然後替自己找錯過的藉口。可是羅德斯沒有，他坦然承認自己犯了錯，並且把注意力放在追求自己的夢想和機會上。羅德斯最終登上《富比士》的全美四百大成功企業主排行榜。

不論你錯過多少機會，或是犯過多少次錯誤，都不要找藉口。硬著頭皮承認吧，自己負起全部的責任，然後繼續嘗試。

三、誘因：開發一些出來

要幫助一個人堅守崗位，最好的辦法就是給他良好的誘因，正因為如此，才有那麼多公司用這一招來激勵員工。蘇格蘭政治家沃爾特．艾略特（Walter Elliot）說：「堅持不懈不是一個長跑，而是一個接著一個的短跑。」如果你給自己值得的誘因去跑贏短跑比賽，那麼追求長程目標就不會那麼令人望而卻步了。

當你為自己發展誘因時，請記住以下幾點：

- 只有在達成目標之後才獎賞你自己。
- 將過程分成不同階段，以增加獎賞的次數。

• 拉別人一起做。這樣可以提高責任意識，也會讓完成目標變得更有樂趣。

要使用什麼當誘因，選擇權在你手上，不過誘因和目標要能匹配。就像家長不會獎賞吃光蔬菜的孩子去迪士尼樂園玩，你也不該在完成小目標時給自己太大的獎勵，以免削弱你繼續努力的欲望。

四、決心：培養起來

成功學大師拿破崙・希爾（Napoleon Hill）指出：「一個人唯有在拒絕放棄之後，他付出的努力才會徹底釋出回報。」為了發展長時間的堅持，你必須持續不斷培養內在的決心，如果做得到，有一天你的故事可能就會像以下這些人的經歷那樣撼動人心：

• 海軍上將皮爾里（Admiral Peary）試圖抵達北極，失敗了七次之後，第八次終於成功了。
• 作曲家奧斯卡・漢默斯坦（Oscar Hammerstein）創作了五齣音樂劇，票房奇差，上演時間全部加起來還不到六個星期。但是他接下來推出的《奧克拉荷馬》（*Oklahoma*）卻一炮而紅，上演兩百六十九個星期，賺進七百萬美元。
• 推理小說家約翰・克雷西（John Creasey）投稿被退七百四十三次，後來終於有出版社肯替他出書。克雷西最終出版五百六十本書，銷售總數超過六千萬冊。

- 賽馬騎師艾迪．阿卡羅（Eddy Arcaro）在贏下第一場比賽之前，連續輸了兩百五十場賽馬。
- 科學家愛因斯坦、小說家愛倫．坡（Allan Poe）、詩人雪萊（Percy Bysshe Shelley）都曾經遭到學校退學。

學習做個意志堅定的人，用他人嘗試後失敗卻繼續努力的成功故事來鼓舞自己。記住，小人物和大人物之間唯一的差別，是大人物鍥而不捨地嘗試。

來自農莊的小子

每次提到堅持不懈，我就會聯想到自己十年前於天際線教會擔任資深牧師時，在聖地牙哥認識的一個人。我第一次見到這個人，是在我們為耶誕節製作的表演節目上，那些節目總是盛大無比，每一年我們都會推出二十四場表演，前後長達三週，參與的群眾總數超過兩萬人。

那天演出之前我在後台和一些歌手、演員說話時，聽到他們興奮地交頭接耳。「奧瓦爾來了。」「奧瓦爾在觀眾席。」我能聽見他們的話，心想那真好。奧瓦爾．布徹（Orval Butcher）是天際線教會的創始牧師，我很高興看到大家對於能為他準備一場精彩的演出興奮不已。

當我走到大禮堂的人群前方，歡迎大家前來欣賞表演時，我認出了坐在第一排的那個人。他的身材瘦削挺拔，留一頭波浪似的灰髮，戴眼鏡、繫著背帶和紅領結。那一刻我才明白他們指的不是奧瓦爾．布徹，我誤會了，原來他們在觀眾席見到的是奧維爾．雷登巴赫（Orville Redenbacher）！

這些年來我和雷登巴赫慢慢熟識起來，他聰明又活潑，和他在電視廣告裡的樣子沒有兩樣。另外雷登巴赫還很大方，每年兩次送一卡車爆米花到我家給我和家人，這是他的贈禮。

在電視上看見雷登巴赫的大部分人都以為他是扮演商人的演員，因為他看起來很古怪，人們都以為他演的是虛擬的角色。《廣告週刊》（*Adweek*）形容他像是「〈美國式哥德〉（American Gothic）畫作的諷刺角色，嚴肅的古怪老頭，舉止就像終身職的舞會監護人一樣。」可是雷登巴赫其實是個天才，他自己開發了爆米花產品，然後自己銷售，這番歷程是研究堅持力量的絕佳素材。

一九〇七年，雷登巴赫生於傑克森小鎮（Jackson Township），那裡位在印第安那州的巴西城（Brazil）南方幾英里外。雷登巴赫十二歲就開始種玉米，同時還要做無數雜活。種玉米替他帶來每個月一百五十美元的額外收入，他大部分都存下來，準備上大學用。

一九二四年，雷登巴赫高中畢業，成了家族中第一個達到這個里程碑的人。雷登巴赫接到西點軍校的入學邀約，可是他沒去，反而去了普渡大學（Purdue University），他的野心是要當個農業推廣員。由於時局艱難，來自農家的背景意謂他沒什麼錢，所以雷登巴赫為了籌大學學費，辛苦讀書之餘，還跑去農業主管部門打很多零工，包括做一些玉米雜交品種的實驗。很多時候他都考慮要放棄了，可是每次也都堅持下來。雷登巴赫在寫給未婚妻的一封信上解釋他為什麼沒有放棄：

首先，我一直想要孩子知道我是大學畢業生⋯⋯第二，我害怕老家的人以為我成績太差或是被學校開除，第三個原因是我已經告訴家人我要去上大學了⋯⋯。第一年和第二年暑假我回家時，滿心打算好要輟學了，可是因為這個那個理由，結果每年秋天我還是回普渡上學了。

一九二八年，雷登巴赫拿到農業學位。

投入決心和時間

雷登巴赫的第一份工作是當老師，不過隔年就順利成為農業推廣員，一直做到一九四〇年。這時候普林斯頓礦業公司（Princeton Mining Company）請他去管理公司新收購的普林斯頓農場

（Princeton Farms），農場面積廣達一萬兩千英畝，是印第安那州最大的農場。雷登巴赫接下這份工作，又開始實驗玉米雜交品種。

接下來的十年，雷登巴赫將普林斯頓農場管理得非常成功。一九五〇年他和朋友查理・鮑曼（Charlie Bowman）決定一起做生意，兩人買下喬治闕斯特父子種子公司（George F. Chester & Son Seed Company），這次雷登巴赫依然做得有聲有色，而且再度花大把時間開發他的玉米雜交品種。

為了理解那份工作的強度，請讀一讀他的孫子葛瑞・雷登巴赫（Gary Redenbacher）寫的這段話：

> 祖父一工作起來從不知疲倦，那種美食級雜交品種的發明，需要投入的努力比得上任何人一輩子的工作量。
>
> 曾經嘗試過玫瑰雜交或其他任何植物雜交的人都知道，他們需要的無非是頑強的決心和大量時間。我告訴人們，想像自己置身一座擠滿球迷的足球場，想像每個球迷都是一莖玉米，而你的任務是去替田裡的每一莖玉米授粉。可是普通足球場只能容納五萬人左右，如果要達到祖父每一年替玉米授粉的那種數量，你將會需要三倍大的足球場才夠……
>
> 儘管已經孕育出成千上萬的雜交品種，祖父始終沒有忘記他的目標：培育出更好的玉米品

種。（這點要再強調）

一九六五年，雷登巴赫終於培育出完美的玉米雜交品種，這種玉米拿來爆玉米花時，不論爆開的體積、成功爆開的比率和口味都勝過其他品種。然而他的這場仗還沒打完，雷登巴赫又花了十年的功夫，才將以他為名的爆米花變成世界暢銷品牌，之後他和鮑曼將該品牌賣給杭特威森食品公司（Hunt-Wesson Foods）。

如果雷登巴赫當初放棄培育完美的玉米品種，他會過得輕鬆多了，畢竟那個產品在市場上成功時，他已經高齡六十七歲。然而雷登巴赫有個夢想，他決心要追求那個夢想，絕不肯提前放棄。

有人問他秉持什麼哲學？他說：「我遵循傳統的普通原則。永不言退，永不滿足，固執，堅持，為人必須忠實。任何有價值的事都值得卯足全力為它奮鬥。這聽起來很老掉牙嗎？老實說這就是全部的答案，沒有神奇配方這種事。」[2]

如果你渴望成功，就要明白成功與失敗之間的差別並不大，如果你願意頑強的堅持下去，就能夠成功。

第14步

明白成功與失敗之間的差別並不大

花點時間寫下你的夢想，以及你為什麼渴望實現那個夢想。然後寫下為了實現那個夢想，你願意經歷的一切事情，試著想像當你追求夢想時，可能會出錯的每一件事。

如果你做好這一步，對未來的問題就有了心理準備，這會幫助你更加堅持不懈。

15

重新站起來之後的作為才重要

經驗不是指你發生了什麼事。
如何因應發生在你身上的事，那才是經驗。
——阿道斯．赫胥黎（Aldous Huxley，英國文學家）

你可能很熟悉前總統柯立芝講的這段話，以前麥當勞的創辦人克洛克就經常引述：

世界上沒有什麼能取代堅持不懈。天賦不能，有天賦但不成功的人比比皆是；天才不能，誰都認識一兩個懷才不遇的天才；教育不能，世間充斥著受過教育卻無所作為的人。唯有堅持和決心才是無敵的。

嗯，我對這段話不全然認同，堅持固然很重要，卻不是成功的唯一關鍵。我認為你需要堅持另加其他東西，就好像那句關於拳擊手的老話：冠軍就是爬起來的次數比被擊倒的次數多一次的選手。不過，如果這個選手只做到這點，那他也可能會在中途被打死，死不了最後才可能贏。誰想要這種結果？如果只需爬起來幾次，豈不是更好？這樣就要靠判斷如何打倒對手才辦得到！

不順利的開局，展開新的方向

從某方面來說，商業鉅子米爾頓．布拉德利（Milton Bradley）就是這麼做的，他想出該怎麼做才不會一再失敗。一八五六年布拉德利二十歲，剛出社會的他從事的第一份工作是繪圖。到了一八六〇年，他攢夠了錢購買一部印刷機，開始進入平版印刷這一行。

布拉德利出的第一個關於產品的妙點子，是印刷新當選總統林肯的人像。他一放風聲要賣林肯的印刷人像，訂單立刻蜂擁而來，本來如果繼續下去他一定會發財，可惜出了一個問題：布拉德利印刷的是林肯刮過鬍子的樣子，可是新總統卻開始留起落腮鬍！這件事竟差點毀了布拉德利。

布拉德利在設法應付第一次大挫敗的同時，決定要賣不一樣的東西：遊戲。童年時他父母利用遊戲作為教導孩子的工具，此時布拉德利有一個遊戲點子，他稱之為「生命之旅棋盤版」（The Checkered Game of Life），教導玩遊戲的人道德價值。布拉德利自己設計這個遊戲，然後印刷出版。這是首次在美國印刷的室內遊戲，賣得非常好，事實上是供不應求，手工印刷的遊戲一推出就被消費者搶光，第一年就賣了四萬套！

第一次的成功給了布拉德利人生的新方向，他把注意力轉向製作遊戲和其他刺激心智、寓教於樂的材料，以遊戲為主，但不久之後他就想要拓展領域，更加刻意發展教育資源。彼時有一項新觀念從德國漂洋過海來到美國，那就是幼兒園，布拉德利對此非常興奮。

布拉德利看到幼兒園對兒童的教育潛力，以及教學材料的市場潛力，他想要成為在美國印刷英語幼兒園教材的第一人。布拉德利打算生產積木、美術材料和其他東西，把幼兒園教材當作主要事業。

可是布拉德利的生意夥伴反對這個主意，因為當時公司營運剛好碰到經濟衰退，他們相信把重點放在風險高的新領域可能會讓公司破產。布拉德利不為所動，堅持實施他的計畫，最終獲得可觀的佳績。

「我拿出所有的信念，相信幼兒園的理念終將勝利，」布拉德利說，「透過這樣的信念，我才能度過早期的挫折，當時我的生意夥伴和朋友都反對，我們的會計師做出來的年度報表也不利於我的計畫。」

最終布拉德利成為倡導幼兒園的主要支持者，他生產無數教材，甚至出版十分具有影響力的雜誌《幼兒園評論》（*Kindergarten Review*）。布拉德利的決定，為千千萬萬兒童的生活帶來極大的影響。

重新站起來之後的計畫

或許你已經培養出堅持與韌性，可以在被擊倒時重新站起來，可是如果沒有任何進步，你就會變得疲倦，一次又一次跌倒，直到站起不來，感到身心俱疲。如果是這樣，你需要的不僅僅是重新站起來，而是一套計畫，幫助你決定一旦站起來之後要怎麼做。以下是我採用的方法：

落實你的目標

上一章關於堅持不懈的要點，我談到使命感和培養誘因的重要性，下一步就是定下你想要達成的明確終點。擂台上的拳擊手重新站起來，因為他心裡有這個最終目標：擊倒對手。布拉德利擁有的終極目標是：為幼兒園的學生製造教育產品。你需要下定決心，確立自己究竟想要什麼目標。請認清這一點：

目標塑造計畫。
計畫塑造行動。
行動達到效果。
效果帶來成功。

如果你無法落實目標，就不能夠把自己的失敗轉化為成功。報紙專欄作家喬治．馬修．亞當斯（George Matthew Adams）主張：「這一生，我們只能得到那些自己為它追尋、為它努力，還願意為它犧牲的事物。最好把目標放在你想要的東西上——哪怕達不到也無妨——總好過你沒有設定目標，或是根本不想要那個目標！假如我們思考人生中想要的東西時，眼光放得夠長遠，那麼不管定下的是什麼目標，幾乎百分之百可以如願以償。」

安排你的計畫

富蘭克林說過一句至理名言：「**不事先做好準備，你就準備失敗吧**。」沒有人能保證你的計畫會如你預期的方式進行，可是如果你疏於計畫，成功的機會將非常渺茫。

小說家雨果相信：「每天早上做好當日工作計畫，並且實際執行該項計畫的人，彷彿帶著一條引線，指引他在最繁忙的生活雜事中安然前進。可是如果沒有做好計畫，那麼隨便什麼偶發事件都會讓他浪費時間，不久就會陷入混亂。」無庸置疑，西班牙文豪塞凡提斯正因為如此才會寫道：「做好準備的人，已經打了一半勝仗。」

冒失敗風險採取行動

光是計畫不會帶來成功，要打勝仗，另一半取決於行動。連鎖飯店創辦人希爾頓說：「成功看來是與行動連結在一起，成功的人總是保持行動。」

有了計畫就往前邁進，並且真正去執行，但這麼做一定會牽涉到風險。這是好事，因為追求任何有價值的目標都有風險。為了抵達終點線，你自己必須承擔相當大的風險。牧師拉瑞·奧斯本（Larry Osborne）如此評論風險：「成功的領導人往往不顧傳統觀念，願意冒險。他們的故事無可避免會出現一個關鍵或重大決定的時刻，在那個時機點他們承擔了極大的風險，也因此獲得突破。」

歡迎犯錯

此時你已經了解，不應該規避錯誤，而應該欣然歡迎犯錯。犯錯昭示你正在向新版圖邁進，正在突破新局，正在進步。就像英國古老諺語所說的：「**不犯錯的人永遠成不了事。**」（如果你依然接受不了這個觀念，我建議你回去讀一讀前面的章節。與逆境同行的唯一辦法，是接受犯錯是人生的一部分，你必須從錯誤中學習，然後自我改進。）

基於你的人格特質前進

每一次你面對錯誤並嘗試與逆境同行，都是對人格的考驗。總有一些時候放棄比重新站起來容易，放棄比努力吸引人。在那些時候，你唯一能賴以保持前進的，就是你的人格特質。

美國職籃NBA冠軍教練帕特．萊利（Pat Riley）說：「贏球和輸球之間，有時候是一刻之差。真正的戰士付出極為密集、極為直觀的努力，因此打心裡知道那一刻的存在，也懂得如何抓住那一刻。」假設你被擊倒之後有意願重新站起來，有腦袋計畫捲土重來，也有勇氣採取行動，那麼你該知道：你將會體驗那種決定性的一刻，而那樣的經驗也將區別你究竟是達標者或放棄者。你要為那一刻做好準備，知道它的到來——這樣就會增加你經由這關鍵一刻勝出的機率。

時時重新評估你的進展

當你奮鬥度過難關、克服錯誤之後，就有了學習與調整的機會。美國二戰將軍威廉．克努森（William Knudson）開玩笑說：「經驗，就是知道有很多事你不應該去做。」人們不喜歡檢討自己的錯誤，可是如果想要成功，你非這麼做不可。媒體公司Delahaye Medialink總裁凱蒂．培恩（Katie Paine）說：「企業文化教我們永遠不要承認自己的錯誤，而要隱藏錯誤——或是怪罪別人。大部分人事考核和專案檢討都不會真正挖掘錯誤，假如我們等到專案完成之後再來事後追究，人們會忘記錯誤，不然就是懷恨同事。不管是哪一種情況，我們都失去學習的機會。」

發展成功的新策略

政治經濟學家萊斯特·梭羅（Lester Thurow）指出：「你在競爭的世界裡有兩種可能性，你可以輸，也可以為了想贏而改變。」在你發展出一套計畫並且付諸行動後，事情還沒結束；其實只要你想成功，就永遠沒有結束的時候。成功是旅途，是不間斷的過程，不論你工作多麼努力，都不可能創造出完美的計畫，也不可能在執行計畫時毫不出錯。你永遠達不到再也不犯錯、不失敗的境地，但是沒有關係。

個人理財作家兼講師羅伯特·清崎（Robert Kiyosaki）承認：「在我自己的生活中，我注意到勝利通常緊跟在失敗之後。」清崎最喜歡的故事來自少年時期友人麥可的父親對自己的教導，他稱這位長輩「富爸爸」，說他熱愛德州和德州人。富爸爸以前經常這麼說：

如果你真的想要學習應對風險、損失和失敗的態度，那就去德州聖安東尼奧市（San Antonio）參觀歷史景點阿拉莫（Alamo）。阿拉莫戰役是個偉大的故事，哪怕心知沒有以寡擊眾的希望，那些英勇的人們還是選擇戰鬥，他們選擇寧死不屈。這是一個鼓舞人心、值得研究的故事，卻也是軍事挫敗的悲劇故事，他們被痛宰，你要說失敗也可以。他們輸了。可是德州人是怎麼應對失敗的？他們依然大聲叫嚷：「記住阿拉莫！」

清崎補充：

每次富爸爸擔心犯錯或賠錢時，就會講這個故事……富爸爸知道失敗只會讓他更強大、更聰明……當其他人退卻時，失敗給他跨越界線的勇氣。（他說：）「所以我才那麼喜歡德州人，他們接受慘痛的失敗，然後把那裡變成觀光景點，帶給他們百萬、千萬元財富。」[1]

失敗是成功旅途上的里程碑，每次你做計畫、冒風險、失敗、重新評估、調整，就有了另一次重新開始的機會，而且比上一次的機會更好。愛迪生六十七歲時實驗室被大火夷為平地，他說：「謝天謝地，我們所有的錯誤都燒光了。現在我們可以重新開始了。」

依計畫前進的國家

重新來過並不容易，可是確實能帶來不可思議的結果。這使我想起一九九九年秋天去亞洲的那趟旅程。我和一團領導人花了十天的時間，去印度、香港、澳洲、新加坡和菲律賓教授領導力。

那趟旅程中我最喜歡的一站是新加坡。這個地方太妙了，堪稱全世界最現代化的國家。我們在新加坡市觀光，導遊蘇珊娜．胡（Susanna Foo，音譯）告訴我們許多關於她的國家的事。一九九八年新加坡的GDP是八百四十億美元，人均國民生產毛額為兩萬兩千八百美元，世界排名第九。[2]而創造這項成績的新加坡，全國面積只有兩百三十八平方英里，只占羅德島（Rhode Island）的五分之一！

新加坡最初是蘇門答臘三佛齊王國的一部分，一八二六年被納入大英帝國的版圖，接下來的一百多年一直被英國管轄，只有在第二次世界大戰期間被日本占領過一段時間。

二次大戰之後，英國允許越來越多前帝國成員獨立，於是新加坡人民也開始想要獨立。英國政府感到很懷疑，因為新加坡既無自然資源，也無治國經驗，人民雖然渴望獨立，但在文化上仍然保留殖民心態。除此之外，此地的種族偏見也很嚴重。

一九五九年，新加坡獲准獨立，但是國家處境不太妙，當時人民決定把最好的希望寄託在隸屬馬來西亞，一九六三年新加坡果真併入馬來西亞。然而馬來西亞人和新加坡人合不來，兩年後馬來西亞切斷與新加坡的關係。新加坡總理李光耀感覺國家已經失去方向，前景黯淡、缺少希望，他們只剩下一件事可做：努力將自己拉出眼前可怕的處境。

李光耀反覆思索這些問題，直到得出一項計畫。這個年僅四十二歲的年輕領袖和大多數同胞不一樣，他受過良好教育，知道扭轉局面是可能做到的，不過那需要一整個世代的努力。他的目標是在一個第三世界國家創造第一世界的條件，以下就是他決定推行的辦法：

一、引進工業。李光耀的首要目標是將工業引進新加坡，雇用許多低技術勞工，這樣人民就都有了工作。

二、創造公共住宅。他想要改善人民的居住品質，以此鼓勵人們。人們得以住進比較好的住宅，不過需要自己出錢負擔。

三、讓人民受教育。改善國家的唯一方法是促使人民自我改善。李光耀讓所有百姓都負擔得起教育。

四、建立銀行體系。目標是讓新加坡成為亞洲的金融中心。

五、鼓勵國際旅遊。新加坡成為擁有世界級機場的商務與觀光去處。

李光耀的目標高遠，計畫的企圖心很強，需要百分之百的決心才能實現他的夢想，而且就算卯足全力，他也需要其他助力。李光耀向聯合國尋求援助，不過聯合國雖然願意伸出援手，但一開始事情進行得並不順利。聯合國工業暨經濟顧問阿爾伯特・魏森梅斯博士（Dr. Albert Winsemius）拜訪新加坡時說道：「事情讓人摸不著頭腦，人民莫名其妙罷工，每兩天就有暴動，而且到處都有。我的第一印象是毫無希望。」

但是李光耀和新加坡的人民堅持下來了。第一，他們接到世界銀行和英國、日本等國提供的數億美元貸款，第二，他們從世界各地請來專家予以協助，並精心挑選各國龍頭產業的代表：

- 從日本和德國：聘請科技顧問來建設工廠

- 從瑞典和荷蘭：聘請銀行業和金融業的專家
- 從以色列：聘請軍事顧問
- 從紐西蘭和澳洲：聘請空軍和海軍顧問

接下來，他們從美國、日本引進一千兩百家公司前來新加坡設點，包括奇異公司、IBM、惠普、飛利浦、Sony、三菱、開拓重工、德州儀器、美孚石油等等。

新加坡的故事就是她的故事

我們的導遊蘇珊娜向我們訴說新加坡的故事時，努力不讓眼淚流下來，她原是那些生活貧困、沒有受教育的百姓之一，由於國家的協助，如今有了更好的生活。

一九六〇年代，仍是少女的蘇珊娜不得不輟學，所幸後來國家上了軌道，她也得以返回夜校提升自己的程度。如今年過五旬的蘇珊娜明白她和自己的國家經歷了多麼了不起的一段旅程。她眼看新加坡市從一片沼澤和灌木林地，蛻變成今日繁華的國際都會。她也見證了人民從無知、無助，轉變為堅強、有紀律的成功群體。

新加坡持續改革，人民持續改進，他們把很多注意力集中在回饋上。蘇珊娜說：「我們出手幫助波士尼亞、辛巴威、土耳其、越南、東帝汶、科威特。現在是我們回饋的時候了，因為我們了解他們有多麼需要幫助。不論聯合國要求我們去哪裡，我們都願意配合。」

我不確定自己什麼時候還會拜訪新加坡，可是當我離開時，心裡明白自己忘不了蘇珊娜和她美麗的國家。因為我看過那麼多的國家和城市，沒有其他地方比新加坡更能示範在逆境中前進的意義。

第15步 站起來，克服失敗，繼續前進

有些偉大的使命無疑就在你的眼前，也許你曾揣測，若能完成這項使命將使你更接近自己的目標，可是心裡一直害怕去嘗試，也許是擔心一旦嘗試未果，將無法克服隨之而來的失敗。

你應該擬定計畫去做，而不要腦子一熱冒然跳進去。（如果你曾經嘗試過一次，也失敗了，那你很可能就不會冒進。）你需要從失敗中站起來，利用本章討論的策略，努力向前邁進：

- 落實你的目標
- 安排你的計畫
- 冒失敗風險採取行動
- 歡迎犯錯

・基於你的人格特質前進
・時時重新評估你的進展
・發展成功的新策略
如果你願意堅守決心，按照計畫努力，被擊倒時重新站起來，那麼你將能夠達成目標——有朝一日也能實現夢想。

與逆境同行15步

1 明白普通人和成功者之間存在重大差異
2 學習「失敗」的新定義
3 將「你」從失敗中移除
4 採取行動並降低你的恐懼
5 接受責任以改變你對失敗的反應
6 別讓外在的失敗進入內心
7 向昨日告別

8 改變你自己，你的世界就會改變

9 放下自我中心並開始付出自己

10 在每次的惡劣經驗中找到益處

11 假如你一開始真的成功了，那就嘗試更困難的事

12 從壞經驗學習，將之變成好經驗

13 改進使你變弱的弱點

14 明白成功與失敗之間的差別並不大

15 站起來，克服失敗，繼續前進

16

現在你已準備好與逆境同行

失敗是成功的正字標記。失敗可能是一項新冒險的起點，
譬如嬰兒開始牙牙學語。你必須失敗很多次，才能學會新的技能。
失敗也是努力追求成功的標記，例如撐竿跳選手在比賽中嘗試突破，
最後仍然無法超越時，留下來的紀錄證明他已經越過多少關卡。
那項失敗就是他下一次努力的起點，證明前次失敗並非終局！
——戴夫．安德森（Dave Anderson）

好了，現在你已經知曉與逆境同行需要的一切步驟，我們再很快複習一遍。

1 明白普通人和成功者之間存在重大差異

2 學習「失敗」的新定義

3 將「你」從失敗中移除

4 採取行動並降低你的恐懼

5 接受責任以改變你對失敗的反應

6 別讓外在的失敗進入內心

7 向昨日告別

8 改變你自己，你的世界就會改變

9 放下自我中心並開始付出自己

10 在每次的惡劣經驗中找到益處

11 假如你一開始真的成功了，那就嘗試更困難的事

12 從壞經驗學習，將之變成好經驗
13 改進使你變弱的弱點
14 明白成功與失敗之間的差別並不大
15 站起來，克服失敗，繼續前進

我全心全意相信這些步驟，但是除非目睹某個與你類似的人在生活中落實這些步驟，否則你很可能覺得它們沒有什麼意義。

在此要向各位介紹我的朋友戴夫．安德森（Dave Anderson），他是個創業家。我是去威斯康辛州基諾沙（Kenosha）的一場領導力會議授課時認識他的。現在我要講一個關於戴夫的故事，一邊講一邊指出他的生活中有多少事件正好對應我在本書中描述的與逆境同行的步驟。我們先從戴夫的個人檔案開始：

名人戴夫．安德森個人檔案

資產淨值：三千萬美元

教育程度：哈佛大學碩士（約翰．甘迺迪政府學院）

目前職位：美國名人戴夫（Famous Dave's of America）連鎖餐廳董事長

- 員工超過三千人
- 年營業額四千一百六十萬美元

家庭狀況：已婚，育有兩個子女

事業亮點：

- 創辦美國名人戴夫連鎖餐廳，並促成公司股票上市（首次公開發行股價六．二五美元，上市第一天收盤價便漲到每股十一．二五美元。）
- 共同創辦咖啡館 Rain Forest Café，同樣促成公司股票上市。
- 被安永會計師事務所（Ernst and Young）推舉為年度創業新秀（由那斯達克綜合指數（NASDAQ）和《今日美國》（*USA Today*）報業及廣播公司贊助。）
- 被《財富》雜誌評為「美國成長最快公司」的前任董事與執行副總裁。
- 兩次參與總統指派的研究：一次是卡特總統下令研究小企業中弱勢群體問題的特派小組，另一次是雷根總統指派的印第安保留地經濟委員會（Commission on Indian Reservation Economies）。
- 透過他的遠見、領導力和慧眼識機會的能力，戴夫的事業至今已經創造一萬八千多個就業機會。
- 良天劣勢少數族群兒童基金會（Mino-Giizhig Endowment Fund for Disadvantaged Minority

Children）創辦人兼董事長（始初贈予一百四十萬美元）。

• 明尼蘇達大學卡爾森商學院（Carlson School of Business）企管碩士班資深導師。

這是很拿得出手的履歷，裡面甚至還不包括戴夫獲得的數十項本地和全國的餐飲業、企業獎項，此外他也是卓然有成的銀製品匠人和古董收藏家。看來戴夫簡直能點石成金，對吧？錯了！要真正了解和欣賞戴夫的成就，你需要知道更多他遇到的逆境。

當機會找上門

戴夫一九七一年高中畢業，他和許多十八歲的小伙子一樣，不曉得自己想過什麼樣的人生。如果當年你跟戴夫說，將來他會成為身價數千萬美元的成功商人，對成千上萬人的生活產生正面影響，他大概會以為你瘋了。然而那就是真實發生在他身上的事，一切都因為他學會了與逆境同行。

戴夫在芝加哥長大，學業成績平平，離開學校後，心裡盤算要朝哪個方向發展。他不擅長與人相處，所以想找個可以在戶外活動的事業，親近大自然。由於戴夫有美國原住民血統（父親是喬克托族〔Choctaw〕，母親是奇帕瓦族〔Chippewa〕），他考慮要從事與野生動植物和森林有關的職業。戴夫去密西根州霍頓市（Houghton）的密西根科技大學就讀，開始體驗典型的大學生活：週間上課和讀書，週末大肆狂歡。

第一學期結束，戴夫趁假期回到芝加哥探視父母時，一個朋友打電話給他。

「戴夫，你有西裝嗎？」對方問。

「有啊，你知道的。」戴夫說。他從小就上教堂，當時人們上教堂都會穿正式服裝。

「好，穿上西裝，我過來接你。」朋友說。

那時的戴夫總是做好一切準備，所以他穿上西裝。朋友接到他之後，兩人一起去參加一場人才招募會，徵人的這家公司要找人銷售汽車引擎機油。

戴夫不擅長機械，所以公司做簡報時談的技術部分並不吸引他。可是負責講演的人真的令戴夫感到很興奮，他是勵志演說家吉格・金克拉，他對戴夫和現場參加的男男女女說：「假如你相信自己，也擁有熱忱，那麼你就能夠成功。」

戴夫不管在學校還是在家裡從來沒有聽過這樣的話，他的父母很愛他，卻不太懂得正面激勵，而且他們也不是創業家。戴夫的父親是建築工人，他辛苦工作，也鼓勵兒子這麼做。

當天晚上戴夫回到家和父母談論銷售產品的機會，第二天那家公司又召開下一場招募會，戴夫帶著父親一起回去參加。父親看得出這是可行的機會，他肯定想要見到兒子成功，所以拿出辛苦賺來的兩千五百美元買下產品，好讓戴夫展開事業。

戴夫的第一樁生意

戴夫再也沒有回去芝加哥科技大學。這是他人生中第一次有了夢想，他已經百分之百投入，想要獲得成功，而且非常認真。接下來的幾個月，戴夫卯足全力推銷那款機油，但卻一再碰壁，不論他多麼努力嘗試，結果都是徒勞無功。這是他第一次生意失敗，戴夫說他爸爸的車庫裡到現在都還堆著好幾箱沒賣掉的機油。

不過第一次大挫敗似乎隱含未來成功的種子（步驟15：站起來，克服失敗，繼續前進）。首先，戴夫懷抱希望，他相信他可以成功（步驟6：別讓外在的失敗進入內心）。其次，當父親替他買下產品時，戴夫獲贈為期五天的領導力課程，他說那項課程改變了自己的人生（步驟10：在每次的惡劣經驗中找到益處）。他還收到六捲金克拉的錄音帶，有好幾個月的時間，戴夫每天晚上睡覺前都會聽這些錄音帶（步驟8：改變你自己，你的世界就會改變）。他心裡的夢想並沒有死去，他絕不會讓逆境擊倒自己（步驟1：明白普通人和成功者之間存在重大差異）。他只是沒有在那一次生意就成功罷了。

經營機油生意失敗之後，戴夫改去艾迪鮑爾（Eddie Bauer）服裝公司兼職賣運動用品。一九七二年秋天，他進了芝加哥的羅斯福大學就讀。接下來的幾年，戴夫有好幾門科目都拿零分，成績單上留了許多空白。

雖然他渴望改善自己，但缺乏學業方面的資質，加上涉入各種生意，使得他想要受良好教育的願望落空了。

另一次冒險

同樣在一九七二年，戴夫想出另一個生意點子。雖然汽車引擎機油的機會沒能成功，卻鼓勵他開始像創業家一般思考（步驟2：學習「失敗」的新定義）。戴夫的主意是創作和銷售袖珍盆景花園，他湊了幾塊錢買材料，然後做了一些樣品，做好後拿出去找零售商，希望對方買下他做的盆景花園。

花店的詹姆士讓戴夫初嘗成功滋味，他指著自己最喜歡的幾種產品對戴夫說：「這些很好看。好，我買一打這種、一打那種，另外一種也要一打。」

戴夫很吃驚，他說：「那要不少錢。」他在腦子裡很快的算了一下成本，然後說：「不然每種各買一個？」

「不必，」詹姆士說：「我這要一打、那要一打，另外那種也要一打。」

「你真的不要每種只各買一個？」戴夫縮手縮腳地問。他估計如果能賣出幾個樣品，就有足夠的錢買材料了。

「不必。」詹姆士直截了當地回答。

「我沒辦法每一種賣你一打，」戴夫最後解釋，「我的錢不夠買做這些需要的材料。」

「你看起來是個老實人。如果我先付你錢行不行？」詹姆士說。他把隔壁房間的助理叫過來：「瑪莉，寫一張支票給他。」

戴夫呆住了。幾分鐘之後，他的手裡多了一張這輩子拿過面額最高的支票：七三六．三五美元。

另一次收穫

那就是戴夫展開花匠事業的第一天。接下來的七年，他在自家地下室像個瘋子似的拚命工作，一週工作七天，而且每天工作的時間很長。他的零售花店客戶每次碰到母親節、情人節生意忙得不可開交時，戴夫就會去他們店裡幫忙打掃、清潔冷藏櫃，也做其他雜活。二十一歲時，戴夫和芝加哥市的每一家主要花店都有生意往來，到了二十八、九歲時，他覺得自己已經極為成功了。

大概就在那個時候，一個花店的朋友出了一個可以多賺些錢的點子。一九七〇年代後期，大學生喜歡用植物裝飾宿舍和公寓，戴夫的朋友有個兒子正在南伊利諾大學念書，他認為如果從佛羅里達州的花農那裡便宜進貨，然後在大學秋季班開學時，去學生聯會租一個攤位賣植物，應該會有豐厚的利潤。他們說做就做，開著一輛貨櫃車去佛羅里達，載滿了植物又開回去。這一來消除了採購過程中兩位中盤商的費用，他們把植物售價調高，竟然還比本地的普通零售價格低很多。兩天之內他們賺了兩萬美元！（步驟11：假如你一開始真的成功了，那就嘗試更困難的事。）

另一次損失

因為那次投資的結果極為成功，戴夫他們準備好再試一次，不過這次的規模更大。凱馬特連鎖百貨公司（Kmart）十月要在伊利諾州的龐蒂亞克市（Pontiac）開新的分店，戴夫他們安排好要去那裡賣植物。兩人再次前去佛羅里達州，運回了滿滿兩個貨櫃的植物，並且租了一個大帳篷，裡面擺滿植物，然後放了四台收銀機，等待顧客上門。可是那天發生怪事，起了一場奇怪的大霧，之後開始下毛毛雨，沒有多久雨勢變大，天氣忽然變冷了。接著大雨變成雨雪交雜，最後竟開始下雪。冬天提早降臨，嬌貴的熱帶植物受不了嚴寒。這次戴夫和朋友投入上次在大學賺的兩萬美元加上其他的錢，沒想到天氣驟變害他們賠了個精光。

如果你是中西部人，很可能還記得一九七九年的冬天，那是史上氣象最慘重的紀錄之一。

襲擊芝加哥的暴風雪很恐怖，積雪堆得太高了，使得許多小街和巷道被封長達數月之久。那一年很多小企業倒閉，包括戴夫的在內。花店不會在暴風雪肆虐期間花太多錢採購，戴夫的許多客戶不但沒有向他買東西，而且已經完成的訂單也欠款不還，再加上在凱馬特的鉅額損失，戴夫陷入絕境，不得不申請破產。

找尋新強項

戴夫失去自己的事業之後，需要找一份工作養活自己和家庭，他不只一次被迫典當妻子的珠寶才付得出房租。有兩次他去排隊領失業救濟金，排到一半又走了出去，決心永遠不接受政府給的支票。戴夫繼續尋找出路，因為一直都是替自己工作，他想找個能容許他用上創業家精神的工作；不過戴夫也想要有個能夠幫助改善自己的事：所有成功的人都擁有良好的人際關係技巧，而他覺得自己在與人共事的能力上有待加強（步驟13：改進使你變弱的弱點）。這兩個願望直指一件事：戴夫需要找一份銷售工作。但是他感到害怕，怕自己在銷售領域會失敗，那份恐懼令他無法招架。

後來他在美國罐頭公司找到工作，針對餐廳銷售紙杯、廚房紙巾、衛生紙（步驟4：採取行動並降低你的恐懼）。為了踏出像樣的第一步，戴夫接下最難攻克的區域。晚上他就在家裡站在鏡子前練習講話、微笑，甚至自己和自己握手，白天則努力的工作，他仰賴過去在花卉批發業學到的相同原則和韌性（步驟14：明白成功與失敗之間的差別並不大）。戴夫犯了很多錯誤，被拒絕過很多次，也搞砸許多生意，不過他還是像瘋子似的拚命工作，而且不斷學習，結果在六個月內就攻下那塊區域，業績從最後一名衝到全公司第一名。

戴夫在那個職位上學習良多，他發現「你想要成功就必須經驗很多失敗，經歷的失敗越多，成功的幅度就越大。」戴夫還發現自己過去的失敗不會跟著他一輩子（步驟3：將「你」從失敗中移除）。

「在我失去（花卉批發）生意之後，我回去拜訪以前合作過的幾家公司，可是我腦子裡只能想到自己申請破產時，積欠對方好幾千美元。」戴夫說，「然而他們並不在乎，他們想的是：『我們好幾年前就註銷債務了，此外，以前一起做生意的時候，我們從你那裡賺到更多錢。』（步驟7：向昨日告別）你知道嗎，如果你誠實承認自己的錯誤，人們多半是很寬容的。如果你為自己承擔責任，人們會想要幫助你。」（步驟5：接受責任以改變你對失敗的反應）。

機會再現，成就事業

一九八二年，戴夫的族人找上門來。位於威斯康辛州西北部蘇必略湖奧及布瓦族（Ojibwa）

的奧雷爾湖部落（Lac Courte Orielles）所成立的組織在賠錢，族人發現戴夫很會做生意，便前來請他擔任他們的執行長。此舉使戴夫負責經營多個企業和產業，包括一片種蔓越莓的沼澤地、一間印刷廠、一家營造公司。他領導部落的這些事業三年，總收入從三百九十萬美元增加到八百多萬美元。

戴夫經營部落事業有成，獲得雷根總統的肯定，任命他加入印第安保留地經濟委員會。許多州級和地方政府、企業組織都頒獎給他，請他擔任無數個觀光、少數民族企業發展等領域委員會的委員。長期下來，戴夫幫助的人不計其數，使得明尼蘇達州聖保羅市的布希基金會特別頒發布希領導獎學金，彰顯他的終身傑出成就。這就是戴夫進哈佛大學讀書的來龍去脈——說來他連大學文憑都沒有，成績單上還紅字連篇。

畢業之後，戴夫替米勒湖部落（Mille Lacs Tribe）工作了幾年，協助創造數千個工作機會，將部落原本高居不下的失業率幾乎降到零，他還協助創辦一家公司，連《財富》雜誌都稱讚是美國成長最快速的企業。儘管戴夫經手的許多企業都很成功，可是他還沒有涉足自己最愛的食品這一行。

戴夫從孩提時起就熱愛食物，他的父親是電工，每天在芝加哥周遭不同的建築工地工作。父親偶爾會帶吃剩的肋排回家，那是同事介紹的一家海邊燒烤攤做的。戴夫第一次吃肋排就上癮了，等到他年齡大到可以工作，就開始了他所謂的「尋找完美燒烤」的心路歷程。每次到全國各地出差，戴夫都會和當地人聊聊，找出哪裡是最好的餐廳。

戴夫熱切地說：「我在這個國家裡的大街小巷搜尋最好吃的食物，從路邊攤到城中心的巷弄，從鄉下馬路旁的房子到精緻的餐廳，什麼地方都沒有錯過。當我去外地開會時，一旦完成公司的任務，我就會消失不見，同事都奇怪我去哪裡了。其實我去了城裡最好的小餐館，把菜單上的菜全部點上，然後一一品嘗，回家以後，我就在自己的廚房做實驗。」

一九九四年，戴夫和別人合夥開了一家非常成功的咖啡館 Rain Forest Café，因而變得很富有。他用賺來的一部份錢買下威斯康辛州海沃德（Hayward）的一小片度假勝地，在那裡蓋了他一直夢想擁有的那種餐廳：最棒的燒烤店。他打算把餐廳命名為「戴夫的知名燒烤」（Dave's Famous Barbecue），可是印刷廠犯了個錯，印成了「名人戴夫燒烤」（Famous Dave's Barbecue），這個名字將錯就錯留了下來。餐廳極為成功，不久戴夫又開了第二家，然後是第三家。到了這個時點，不知道的人會以為戴夫是天生贏家，其實他曾經面對人生最低點，也曾碰到最大的障礙——他自己。

改變壞習慣

一九九五年，一群朋友和家人來找戴夫，介入戴夫的生活，質問戴夫酗酒的事。和很多人一樣，戴夫從大學時代開始喝酒，不過進了社會以後，他沒有和別人一樣收斂。當關愛他的親友責罵他時，戴夫其實有一絲竊喜，因為他知道自己需要改變了。於是他接受戒酒治療，從此再也沒有喝醉過。

「成功熬過戒酒治療的關鍵是接受自己有問題（酗酒），接受自己眼前的處境，然後從那一點往前進。」戴夫強調：「人們之所以戒酒治療失敗，是因為堅信自己沒有錯，不肯為自己負責。改變的關鍵是投降。」

戴夫知道自己需要改變，而從他扭轉生活以來，這些年已經改變很多。如今持續學習和成長是戴夫生活的特點（步驟12：從壞經驗學習，將之變成好經驗）。

「我明白，我不能和以前喝酒的朋友鬼混，同時又想改變我自己。」他說：「如果我回以前常去喝酒的酒吧，我知道同樣一批人仍然會坐在老地方，他們絲毫沒有改變。反觀我在四年之內已經改變非常多了。」

帶領組織與逆境同行

我寫這本書的時候，戴夫開的餐廳已經多達二十四家，分布在全美五個州內，餐廳生意依然在成長。不過為了成功，他必須克服很多障礙——以及很多心存懷疑的人。

「餐廳剛開幕時人們對我說，我的餐廳永遠踏不進美國的這一區。他們說：『明尼亞波利斯（Minneapolis）不是喜歡燒烤的城市，絕對行不通。』嗯，如今我在明尼亞波利斯擁有十三家餐廳。」戴夫說。

儘管戴夫的成就十分耀眼，但更令人讚歎的是他明白自己的成功不是只為了他個人而存在，同時也是為其他人而存在。他出資創辦良天劣勢少數族群兒童基金會，透過基金會和名人戴夫燒烤餐廳行善。他證實：「我們的企業不只賣肋排，更多作為意在改變生活。」（步驟9：放下自我中心並開始付出自己）。

為了達成宗旨，他創辦「極樂大學」（Hog Heaven University），訓練燒烤餐廳的員工。新主管在此學習技能、技術、資訊，幫助他們在名人戴夫餐廳做出好成績，譬如戴夫說的燒烤三要件：

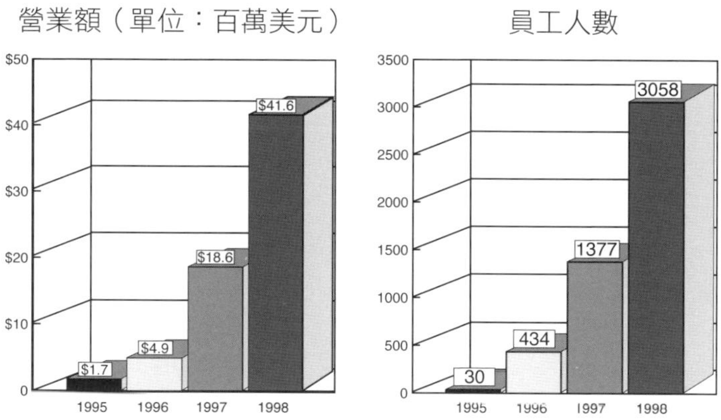

名人戴夫公司的成長

肉、煙、醬，就是他們的學習重點。不過這些受訓員工還要學習更重要的東西，戴夫對所有的員工說：「此事非關戴夫．安德森。這是你們的機會。」

那樣的機會有一個關鍵，就是知曉如何與逆境同行。戴夫解釋：「學校教授技術性學科，例如數學和科學，但卻不教心理健康。學校要教導如何應付問題才對，你每天都會碰到問題的阻礙與打擊，有些人更是被難題打趴了。可是**想要成功，你必須對問題保持開放的態度，對失敗也保持開放的態度。隨著你攀爬組織階梯，將會獲得面對更多問題的權利，爬得越高、問題越大**。不過效能最高的人會是那些經歷最艱難處境的人。俗話說，風平浪靜鍛鍊不出好水手。」

過去戴夫經歷的顯然不是風平浪靜的歲月，未來也不會是無風無雨的日子，不過他不感到煩惱，阻礙只是機會罷了。戴夫強調：「我一直告訴員工：『大部分人看見問題會跑得遠遠的，如果你想要搶得先機，就去找你的主管，問他：『你有問題嗎？交給我辦。』不要像大部分人一樣遠離問題，而要迎面而上解決問題。如果你這樣做，我保證那將會改變你的人生！這就是你超越他人的辦法，靠的是解決問題。」

現在你已經準備好了

戴夫比你認識的人犯過更多錯誤、遭遇更多逆境、克服更多困難、經歷更多失敗，可是他也獲得更高的成就。就像我的朋友金克拉斷言的：「戴夫．安德森才剛剛起步。」

下一次你發現自己欣羨成功者創造的成就時，要認清他們很可能已經歷練過許多逆境遭遇，你只是無法從表面看出來罷了。有個老笑話說：「你在吃熱狗的時候，絕對不要問熱狗裡面有什麼。」意思是如果你曉得裡面是什麼，恐怕永遠都不會想再吃這玩意了。**成功裡面隱藏了很多的失敗**。

假如你真的想要實現自己的夢想——我是說真正去實現，而不只是作作白日夢，或是空口說白話——你就必須實際去做並體驗失敗，早早失敗、常常失敗，可是永遠要做到在逆境中前進，將你的錯誤轉化為成功的基石。

這本書快要寫完的時候，我將戴夫故事的草稿寄給他看，請他確認我寫的細節都正確。幾天之後戴夫發給我一則短信：「以前我從來沒有見過自己的人生故事這麼清楚地鋪陳出來，真是不可思議，我竟然始終都沒有放棄。」

現在你已經知道如何與逆境同行了，你也一樣不需要放棄。祝福你，保持夢想，持續與逆境同行。

附註

01 成功者和普通人的主要差別是什麼？

1 Andy Andrews, ed., "Mary Kay Ash," in *Storms of Perfection 2* (Nashville: Lightning Crown Publishers, 1994), 161.
2 "Mary Kay, Inc.," *The Industry Standard* <www.thestandard.net>, August 12, 1999.

02 為失敗與成功找到新定義

1 Robert M. McMath and Thom Forbes, *What Were They Thinking?* (New York: Random House, 1998).
2 Patricia Sellers, "Now Bounce Back!" *Fortune*, May 1, 1995, 50–51.
3 Philippians 4:11 NKJV.

03 如果失敗了，就是失敗者嗎？

1 Andy Andrews, ed., "Erma Bombeck" in *Storms of Perfection 2* (Nashville: Lightning Crown Publishers, 1994), 51.
2 Brad Bushman and Roy Baumeister, *20/20*, August 8, 1999, <www.abcnews.com>.
3 Brodin, "The Key to Bouncing Back," *Discipleship Journal*, issue 109, 1999, 67.
4 "Where Failures Get Fixed," *Fortune*, May 1, 1995, 64.
5 Rudy Ruettiger and Mike Celizic, *Rudy's Rules* (Waco, TX: WRS Publishing, 1995).

04 想哭嫌太老，想笑又太痛苦

1 Emerson Klees, *Entrepreneurs in History—Success vs. Failure: Entrepreneurial Role Models* (Rochester, NY: Cameo Press, 1995), 202.

2 同上，203.

3 Patrick Kavanaugh, *The Spiritual Lives of the Great Composers* (Nashville: Sparrow Press, 1992), 5.

05 在失敗高速道路上找到出口

1 Gary Hamel and C. K. Prahalad, *Competing for the Future* (Boston: Harvard Business School Press, 1994), 51–52.

2 Jeff Schultz, "The Price of Success," *Atlanta Journal-Constitution*, January 6, 1999, E4.

3 David Goldman, "Shocking, Lurid, and True!" *Biography*, April 1998, 14.

06 不論你遭遇什麼，失敗源於內心

1 與葛瑞格．洪恩的訪談，P.O. Box 175, Hwy. 27 South, Cynthiana, Kentucky 41031.

2 *Fortune*, May 1, 1995, 50.

3 Lucinda Hahn, "What Makes Them So Tough?" *Reader's Digest*, November 1998, 88–93.

4 Roger Crawford and Michael Bowker, *Playing from the Heart: A Portrait in Courage* (Rocklin, CA: Prima Publishing, 1997), 28–32.

5 Roger Crawford, *How High Can You Bounce? Turn Setbacks into Comebacks* (New York: Bantam Books, 1998), 8.

6 Crawford and Bowker, *Playing from the Heart*, 12.

07 過去的事是否正在挾持你的人生？

1 Bert Randolf Sugar, *The 100 Greatest Athletes of All Time* (Secaucus, NJ: Citadel Press, 1995), 217.

2 Allan Zullo with Chris Rodell, *When Bad Things Happen to Good Golfers: Pro Golf's Greatest Disasters* (Kansas City: Andrews McMeel, 1998), 40–43.

3 Dick Biggs, *Burn Brightly Without Burning Out* (Successories Library, 1998), 30–31.

08 犯這些錯的人是誰？

1 Garry Marshall with Lori Marshall, "Stand Out from the Crowd," *Reader's Digest*, 61

09 ｜ 放下自我中心——你不是唯一

1 Lloyd Cory, *Quotable Quotations* (Wheaton, IL: Victor Books, 1985), 347.

2 Rebecca Lamar Harmon, *Susanna: Mother of the Wesleys* (Nashville: Abingdon Press, 1968), 57.

10 ｜ 從負面經驗擷取正面益處

1 David Bayles and Ted Orland, *Art and Fear: Observations on the Perils (And Rewards) of Artmaking* (Santa Barbara: Capra Press, 1993), 29.

2 Arthur Freeman and Rose Dewolf, *Woulda, Coulda, Shoulda: Overcoming Regrets, Mistakes, and Missed Opportunities* (New York: Harper Collins, 1992).

3 Patricia Sellers, "Now Bounce Back!" *Fortune,* May 1, 1995, 49.

4 Lloyd Ogilvie, *Falling into Greatness* (Nashville: Thomas Nelson, 1984).

5 Genesis 40:14–15 NIV.

11 ｜ 冒險——與逆境同行的唯一方法

1 "Amelia Earhart: 1897–1937," <www.noahsays.com>.

2 "Amelia Earhart," <www.ionet.net>.

3 "Quotes," <www.cmgww.com>.

4 "Amelia Earhart," <www.ionet.net>.

5 "Quotes," <www.cmgww.com>.

6 *The Joyful Noiseletter.*

7 Gloria Lau, "Joseph Lister, Developer of Antiseptic Surgery," *Investor's Business Daily,* January 22, 1999, A5.

8 Norman B. Medow, "Ounce of Prevention a Lesson Worth Learning," *Ophthalmology Times,* April 15, 1997, 12.

12 ｜ 讓失敗成為最好的朋友

1 "Surviving Everest Heightens Texan's Priorities About Life," *Atlanta Journal-Constitution,* November 14, 1998, E22.

2 Michael E. Young, "The Ultimate Challenge: Climber Left for Dead on Everest Learns to Cherish Life As Never Before" *Dallas Morning News,* May 11, 1997.
3 "Surviving Everest Heightens Texan's Priorities About Life."
4 Jim Zabloski, *The 25 Most Common Problems in Business* (Nashville: Broadman and Holman, 1996), 88.

13 | 避免失敗的十大原因

1 "Luck Rivals Worst of Sick Jokes: 'There's Hope,' New Yorker Says," *Los Angeles Times,* March 19, 1995, A28. Copyright Reuters Limited 1995.
2 Carole Hyatt and Linda Gottlieb, *When Smart People Fail* (New York: Penguin Books, 1993).
3 David Bayles and Ted Orland, *Art and Fear: Observations on the Perils (And Rewards) of Artmaking* (Santa Barbara: Capra Press, 1993), 27–28.

14 | 成功與失敗之間的小差別造成大關係

1 "Quitters, Campers and Climbers," *Sky,* October 1998, 103.
2 Len Sherman, *Popcorn King: How Orville Redenbacher and His Popcorn Charmed America* (Arlington: Summit Publishing Group, 1996).

15 | 重新站起來之後的作為才重要

1 Robert T. Kiyosaki with Sharon L. Lechter, *Rich Dad, Poor Dad* (Paradise Valley, AZ: Cashflow Education Australia, 1997), 135–36.
2 "About the Singapore Economy," <www.gov.fg>.

與逆境同行［全球暢銷經典］

作者	約翰．麥斯威爾 John C. Maxwell
譯者	李宛蓉
商周集團執行長	郭奕伶
商業周刊出版部	
總監	林雲
責任編輯	黃郡怡
封面設計	copy
內文排版	洪玉玲
出版發行	城邦文化事業股份有限公司 商業周刊
地址	115 台北市南港區昆陽街 16 號 6 樓 電話：(02)2505-6789　傳真：(02)2503-6399
讀者服務專線	(02)2510-8888
商周集團網站服務信箱	mailbox@bwnet.com.tw
劃撥帳號	50003033
戶名	英屬蓋曼群島商家庭傳媒股份有限公司城邦分公司
網站	www.businessweekly.com.tw
香港發行所	城邦（香港）出版集團有限公司 香港灣仔駱克道 193 號東超商業中心 1 樓 電話：(852) 2508-6231　傳真：(852) 2578-9337 E-mail：hkcite@biznetvigator.com
製版印刷	中原造像股份有限公司
總經銷	聯合發行股份有限公司 電話：(02) 2917-8022
初版 1 刷	2024 年 5 月
定價	380 元
ISBN	978-626-7366-92-9（平裝）
EISBN	9786267366912（EPUB）／ 9786267366905（PDF）

國家圖書館出版品預行編目(CIP)資料

與逆境同行/約翰.麥斯威爾(John C. Maxwell)著；李宛蓉譯. --
初版. -- 臺北市：城邦文化事業股份有限公司商業周刊, 2024.05
256面；14.8×21公分
譯自：Failing forward: turning mistakes into stepping stones for success.
ISBN 978-626-7366-92-9(平裝)

1.CST: 自我實現 2.CST: 生活指導 3.CST: 成功法

177.2 113005052

藍學堂

學習・奇趣・輕鬆讀